诸葛亮

凉月满天 ◎ 著

中国致公出版社 · 北京

图书在版编目（CIP）数据

诸葛亮 / 凉月满天著. --北京 : 中国致公出版社,
2023.11
ISBN 978-7-5145-2159-7

Ⅰ.①诸… Ⅱ.①凉… Ⅲ.①诸葛亮（181—234）—
传记 Ⅳ.①K827=362

中国国家版本馆CIP数据核字(2023)第172141号

诸葛亮 / 凉月满天 著
ZHUGE LIANG

出　　版	中国致公出版社	
	（北京市朝阳区八里庄西里 100 号住邦 2000 大厦 1 号楼西区 21 层）	
发　　行	中国致公出版社（010-66121708）	
责任编辑	颜士永	
责任校对	邓新蓉	
策划编辑	蔡　践	
装帧设计	荆棘设计	
责任印制	杨秋玲	
印　　刷	三河市众誉天成印务有限公司	
版　　次	2023 年 11 月第 1 版	
印　　次	2023 年 11 月第 1 次印刷	
开　　本	710 mm × 1000 mm　1/16	
印　　张	16	
字　　数	221千字	
书　　号	ISBN 978-7-5145-2159-7	
定　　价	68.00 元	

功盖三分国，名成八阵图。

江流石不转，遗恨失吞吴。

——[唐]杜甫

　　三国群雄逐鹿，耍大刀的耍大刀，耍大宝剑的耍大宝剑。大家十八般兵器，轮番上阵，但是有一个人，是没有兵器的。

　　他只有一柄羽毛扇，他就是诸葛亮。

　　敌人来了，他一挥羽毛扇，千军万马往前冲。

　　朋友来了，他摇摇羽毛扇，把酒言欢论天下。

　　怪得很。

　　也神得很。

　　他的扇子和关羽关云长的大刀、赵云赵子龙的长枪，都成为特定的个人标配，当时尽人皆知，后世尽人皆知。

　　所以，他当然也尽人皆知。

　　他复姓诸葛，单名亮。

　　很雅的姓氏，很俗的名讳，却活生生让这个人成为一个传奇，传奇里有热血冲锋，有阴谋阳谋，有人头滚滚，有热泪纷纷。

　　赵子龙是三国时代的胆，关云长是三国时代的魂，他，是三国时代的大脑。

无法想象，如果没有他，整个三国，会变成一个什么熊样。

对的，熊样。胸肌大，脑髓少。

而且，三国真是一个帅哥辈出的时代呢。

马中赤兔，人中吕布。

赵云赵子龙。

关羽关云长。

还有诸葛亮，身高八尺的大帅哥，好读书，不爱出门，不怎么晒太阳，捂得又白。眼睛放射着智慧的光芒，妥妥的男神。

他的一生，是穷尽智计的一生，是排兵布阵的一生，是征战杀伐的一生，是翻手为云、覆手为雨的一生。是杀人的一生，是活人的一生，无论是什么样的一生，都让人更多地记住了他智慧的一生，而忽略了他美美帅帅的一面。

脑子太大了，把脸蛋的光芒给盖住了。

他有翻手为云、覆手为雨的本事，但是他把风云雨雪都下到敌人的阵营。他在自家的阵营里安居二把手，不谋朝，不篡位。

他有智慧，但是不耍小聪明。

有本事，但是不噬主。

他是一只能翻江倒海的猴，却没有想捅破天的心。

所以他安安生生地扶保他的主公，主公死了扶保小主公。刘备都说了，如果儿子不济事，他可以取而代之，他自己却不肯——如果曹家和司马家的人也这样，也就没有魏国和西晋了，中国的历史走向都要改写一下。

谋而有勇，智而有仁。

所以他有资格称为一个完人。

他在他的时代里功盖三分国，名成八阵图，我们坐在后世的小板凳上，看他演一场三国大戏的宽银幕大电影。

铿铿锵锵的音乐响起，字幕推出，主演：诸葛亮。

第一章

东奔兮西逃

第一节　他的先祖是诸葛丰

汉灵帝光和四年（181 年），琅琊郡阳都县的一个官吏之家，诸葛亮出生。

诸葛这个姓氏蛮古老，据史籍《世本·氏姓篇》记载：

有熊氏之后为詹葛氏，其后齐人语讹，以詹葛为诸葛。

说白了，诸葛亮其实是詹葛亮，但是这个姓被叫转音儿了，就成了诸葛亮了。

还有一个说法来源于《通志·氏族略》，说的是夏朝时期，黄帝之庶支伯益的后代飞廉被封在葛地，建葛国，称为葛伯。大约在公元前一千七百多年以前，曾有一个独霸一方的"葛国"，就是葛伯国。葛国灭亡后，葛伯的后世子孙以故国名称为姓氏，称葛氏，世代相传。后来，居于琅琊郡诸县的葛氏有一支迁徙到了阳都，因阳都已经有葛氏，就把后迁来的葛氏称为诸葛氏。

这样说来，诸葛亮的老家应该是在琅琊郡诸县，原姓葛。迁居后为了和原来的葛氏区分，变成诸葛。否则，他就应该叫葛亮了，好别扭。

——其实"亮"是一个多么平凡的名字，但是一和"诸葛"组合，就给人一种奇妙的感觉。五笔打字，"诸葛亮"是一个现成的短语。把自己活成一个固定短语，是他的本事。

还有一个说法，就是秦末陈胜吴广的大将葛婴，屡立战功，却被陈胜听信谗言杀害。到了西汉，汉文帝刘恒感其忠勇，特赐封葛婴的孙子为诸县侯，他的后代遂以诸葛为姓氏，称诸葛氏，世代相传至今。

人活到被人追本溯源，连老家是哪里、老祖宗是谁都被人津津乐道，关键此人还死了一千七百多年了，更是他的本事。

牛气的他还有一个牛气的先人。

诸葛家族出过一个挺有名的人物，叫诸葛丰。西汉时期，他在汉元帝手下做官。

——汉元帝就是把王昭君送给匈奴和亲的那个皇帝。

诸葛丰脑筋是聪明的，读经阅史不在话下；性情是刚烈的，铲奸除恶没得商量。他在汉元帝手下做司隶校尉的时候，查谁，揭发谁，不讲情面，不避重就轻，不耍手段。老百姓模仿当时大官们的口吻，调侃：

"怎么好久没见您哪？唉，别提啦，被诸葛丰大人叫去喝茶啦。"

当时有一个叫许章的，是汉元帝的外戚，仗着皇帝待见他，骄奢淫逸，纵容门下宾客横行不法。诸葛丰正查他呢，刚好遇到他私自外出。诸葛丰举出象征皇权的符节命令他下车——汉代的符节，有点类似尚方宝剑，代表皇帝亲临。汉代的司隶校尉人手配备一个，符节在手，皇权我有，上查百官，下纠不法。

当时诸葛丰就要把许章抓起来再说，结果许章赶车一溜烟儿跑进皇宫去了。

诸葛丰哪能饶他，向汉元帝上奏，要求惩罚许章。结果汉元帝护短，却说他乱用符节，把他的符节给收了。也就从诸葛丰开始，历史上的司隶校尉不再执掌符节。史书上是这样写的：

司隶去节自丰始。

不过汉元帝也没咋的诸葛丰，还安抚他，提拔他当光禄大夫。但是诸葛丰气坏了，上书请求致仕还乡：你不让我杀奸臣，那就放我回去。

结果汉元帝还不放他走。

又不放他，又不怎么用他。反正就是把他架到一个更高的位置上，让大家都看看我这个当皇帝的，也是能纳忠言、用忠良的——诸葛丰被当成皇帝展示自己宽宏大量的道具了。

但是诸葛丰不愿意当这干巴巴的标本，他继续上书，骂奸臣，骂乌烟瘴气的官场不正之风。结果骂来骂去，把自己骂进监狱里了。

真把皇帝当软柿子了，想捏就捏？骂我的官们不好，我是皇帝，就是天下最大的官，你是在骂寡人吗？好大的狗胆。

他下了监狱，甭指着他的同僚们替他说好话——别说他骂他们骂得狗血淋头，就是不狗血淋头，趋吉避祸，这些个人精们岂有不会的？

汉元帝一看此人如此没有人望，人人都说他不是，想来必定是他的不是，干脆调他去守城门，当了城门校尉。

他还不罢休，继续上书，告光禄勋周堪、光禄大夫张猛。汉元帝彻底讨厌他了，下诏把他一撸到底，成了平民，老死家中。

曹操一生没对诸葛亮有过一字评价，但是对于他的先祖诸葛丰倒是遥相思之："这些人敢起坏心眼，就是因为我手下没有诸葛丰这样能洞察奸谋，制止犯罪的人。"

《三国演义》里，徐庶向刘备推荐诸葛亮的时候，就是这样介绍的：

此人乃琅琊阳都人，复姓诸葛，名亮，字孔明，乃汉司隶校尉诸葛丰之后……

第二节　跟汉献帝同年出生

在诸葛亮出生的这一年，还有一个人也出生了。数十年后，他们又在同一年死去，按照公历算法，都享年五十三岁。

诸葛亮度过了多么辉煌的一生，这个人就度过了多么悲催的一生。

诸葛亮度过了多么劳苦的一生，这个人就度过了多么平庸的一生。

诸葛亮度过了纵横捭阖的一生，这个人就度过了笼中囚鸟的一生。

诸葛亮被人崇拜到死，这个人被人欺负到死。

这个人就是汉献帝。

在他们两个出生之前，东汉的日子真是不好过。

《三国演义》开头第一回写：

> 建宁二年（169 年）四月望日，帝御温德殿。方升座，殿角狂风骤起。只见一条大青蛇，从梁上飞将下来，蟠于椅上。帝惊倒，左右急救入宫，百官俱奔避。须臾，蛇不见了。忽然大雷大雨，加以冰雹，落到半夜方止，坏却房屋无数。建宁四年（171 年）二月，洛阳地震；又海水泛溢，沿海居民，尽被大浪卷入海中。光和元年（178 年），雌鸡化雄。六月朔，黑气十余丈，飞入温德殿中。秋七月，有虹现于玉堂；五原山岸，尽皆崩裂。种种不祥，非止一端。

大青蛇啊，大雷雨大冰雹啊，大地震啊，发大海水啊，母鸡变公鸡啊，黑气入殿啊，虹现玉堂啊，山崩岸裂啊，这些，基本上不是罗贯中编的。

好多都是真的，而且罗贯中还没有写全。

有人统计过《资治通鉴》里写到的这些年的灾异，日食 22 次，大水 12 次，地震 19 次，大火 17 次，还有山崩、大瘟疫、蝗灾等共 49 次。

日食食过就算了，大水来了总会退，地震震塌了房屋可以重建，压死了人，人还可以再生。大火也好，山崩也好，都是一时的灾难。

真正要命的是瘟疫和蝗灾。

瘟疫传播，收割了大把大把的人命，动摇的是整个社会的根基。就是现在，医学发达，社会昌明，都怕瘟疫传播。

蝗灾一向和旱灾相连，赤地千里，飞蝗遮天，所过之处，粮食没了，老百姓怎么活？大饥荒来了，生活状态怎么能平稳？

诸葛亮出生这一年，是汉灵帝光和四年。昏君汉灵帝仍旧在他的龙椅上混日子。他妈妈董太后和老婆何皇后这婆媳俩斗得不可开交，这个妈宝男和妻管严谁也惹不起，就玩了命地吃喝玩乐。

他在后宫开市场，宫女们摆摊卖东西。他也当上了买卖人，卖东卖西，玩得开心。

又给狗穿上官服，自己驾着驴车乱跑，当车夫。

张角正好好地经营他的太平道，吸收的信徒几十万，遍布天下大半州郡。

汉室洛阳高高的宫墙内，一声婴儿啼哭炸响。不对，婴儿的啼哭没那么响，但是听在他娘的耳朵里，就这么响。

因为这孩子是"非法"生下来的。

是皇帝的龙种没错，但是谁让她不是皇后呢。

她姓王，只是汉灵帝的一个美人，惹不起杀猪出身的剽悍的何皇后。

皇后不许别的妃嫔怀孕，那就不能怀！所以，当她发现自己怀孕之后，吓坏了，吃过堕胎药，在宫里没人看见的时候蹦蹦跳跳，想让这娃流产。谁知道他命大，胎盘壮，坐得稳，抓得牢，硬生生挨过了大地震和大海啸，让自己瓜熟蒂落了。

但这孩子还是把他娘害死了——王美人到底被何皇后毒死了。

他被何皇后的婆婆董太后带在身边贴身保护起来，这个从小就没了亲娘的孩子，就是汉献帝刘协。

他上面还有一个哥哥刘辩，是何皇后生的，人家才是货真价实的太子。

还有一个刚落地的娃娃，发出一声惊动天地的啼哭。

一个小奶娃而已，哭声也惊不了天，动不了地。但是，后世人没有听见也似听见了，天地无耳，也卷起云涛，蒸腾起地气。这一刹那，草木似乎都润泽了一些。

泰山郡丞诸葛珪又当爹了。

为什么要说又呢?

就像刘协是老二一样,这个孩子也是老二。

他还有一个哥哥叫诸葛瑾,而他,被起名诸葛亮。

数十年后,他哥俩都名动天下,他比他哥还胜一筹。

一千多年过去了,他哥的名儿听过的人不是很多了,他仍旧名动天下。

他和汉献帝都幼年失母。及至长成幼儿,又都少年丧父。然后,活了五十三岁后,又都魂归碧霄。这算不算"同生共死"的交情?

只不过,平生功业不同。起点和终点一样,中间过的,仍旧是各自不同的人生。

一个把自己的天下献给了别人,一个把偌大的天下啃下来三分之一,端给自己的主公。

第三节　乱世黄巾

诸葛亮出生这一年,曹操二十六岁,已经做官。

刘备还正外出游学,做了卢植的学生,和公孙瓒当起了同学,又发挥他的"好人"光芒,引来豪杰趋附,开始集结力量。

说起来,刘备比诸葛亮大二十岁,曹操比他大二十六岁,关羽比他大二十一岁,张飞比他大十四岁,他是妥妥的小字辈。

三年后,诸葛亮也好,汉献帝也好,刚刚把话说全,把路走稳,若按现在的年纪,正好可以上幼儿园小班,这个时候,社会起了大动乱。

光和七年(184年),张角宣称"苍天已死,黄天当立,岁在甲子,天下大吉",自称"天公将军",命令信众头绑黄巾为记,史称"黄巾起义"。烈焰席卷全国七州二十八郡,天下响应,京师震动。

第一章　东奔兮西逃

7

太常刘焉建议，把一部分刺史改为州牧——一州之牧，就是一州最高长官，掌一州军政大权。而且这州牧由宗亲或重臣担任，这样就可以在一州之内运转得力，凝聚一州人力、物力、财力、军力，进剿黄巾军。

封建王朝一般都是中央集权，怕的就是国土广袤，诸侯割据，动摇国本。但是如今灵帝顾不得了，准刘焉所请——日后地方军政长官拥兵自重，群雄竞相逐鹿，这就是根。

不过当时效果是有的，各州官军、各地豪强的私兵部曲，纷纷化为铁拳，都冲着黄巾军招呼，以剿匪换军功，很快黄巾军就顶不住了，被砸得烟消云散。

中平六年（189年），诸葛亮八岁，母亲去世。

同一年，汉灵帝病危。

何皇后的哥哥何进是大将军，赶紧和妹子商量，要立何皇后的儿子刘辩为太子。

汉灵帝和大太监蹇硕密商，叫他拥立次子刘协为帝。

四月，灵帝崩逝。蹇硕马上召何进进宫议事——这是他的地盘，他想除了何进。

何进有所察觉，没有进宫，蹇硕的盘算落空了。何皇后的儿子刘辩上位，史称少帝，何皇后变成了何太后。

这下子，轮到何进反扑了。

蹇硕被何进派人诱骗入宫，一刀砍死。何太后又让哥哥把自己的婆婆董太后也除去了，逼得董太后的哥哥骠骑将军董重自杀。

何进本来还想杀掉张让等太监，可是这些人天天围着何太后转，何进发愁，不知道该怎么办。

袁绍建议何进召请四方的猛将豪杰，带兵进京，以兵势胁迫太后，除掉宦官。

这招驱虎吞狼计，用得太大，用得不值，而且用起来有很大的副作用。

西凉刺史董卓就是这么名正言顺地统领大军二十万，进发京师的。这家伙本来就内赂宦官，外结朝臣，有不臣之心，如今瞌睡碰着枕头来。

虽然后来在百官力谏和何太后的阻止下，何进也派人下诏，让董卓不要进京了，可是董卓当然不听。

张让、段珪等太监一看性命难保，骗何进进宫，杀了他。

大将军营的众将士抄家伙直奔宫门，袁绍也和弟弟袁术带兵驰援何进，整个皇宫像炸开了锅。

张让等人挟持天子刘辩、陈留王刘协，抄小道逃出宫去。这群人逃到黄河边上，前行无路，后有追兵，张让等人眼看没有生路，只好投水自尽。

北芒阪下，董卓带着军队和皇帝刘辩一行人相遇，刘辩吓得大哭，话也说不清楚。倒是小他几岁的刘协口齿清晰。董卓知道他是由董太后抚养长大，算是在自家老董家长大的孩子，所以，当时就有了废旧立新的意思。

董卓带兵进京，朝堂之上，手中仗着长剑，寒光闪闪，命手下李儒宣读废帝策文，然后命令左右，剥了他的龙服，解了他的玺绶，命他北面长跪，称臣听命。

又派人把何太后的服饰也剥了，玺绶也缴了。帝后号哭，群臣悲戚。

然后八岁的陈留王刘协被立为帝，是为汉献帝。

汉献帝无父无母，抚养他的董太后也死了，他的身边没有一个亲人。

死了母亲的诸葛亮没几年又死了父亲，他也成了一个孤儿。

这两个孩子，不知道谁的命更好一些。

怎么说呢，再豪华或者再惨淡的人生，也是一步一步走出来的。

如今，他们两个都被命运推着，迈出自己的步子。

第四节　在诸雄乱战的夹缝中生存

刘辩被废，董卓又派李儒把他毒死，又毒死何太后。

董卓现在可嚣张了，每天夜里，把皇宫当成自己家，和宫女睡觉，睡在皇帝的龙床上。

又带兵出城，把赶集赴社的老百姓全部围剿清光，扬言杀贼大胜。

他还趁着何太后死，要和汉灵帝合葬，派人打开皇帝陵墓，偷了里面陪葬的宝贝。

小皇帝刘协能有什么办法？他被天天仗剑上朝的董卓都要吓破胆了，一脸逆来顺受的受气相。

董卓自拜相国，自封郿侯，在自己的封地上搞了一套小政府出来，封自己的母亲为"池阳君"，又设置令、丞。

他下令活活打死拜见他的时候忘了解除佩剑的扰龙宗，又纵容兵士强闯京城洛阳的贵戚富户的家，抢人家的财产，淫人家的妻女。

又派人杀了何太后的母亲舞阳君，把何太后的弟弟何苗的尸体从坟墓中挖出来肢解。

又因为厌恶大司农周忠的儿子周晖，派兵把他劫杀。

全国人民都恨他，他把东汉的一片散沙拧成一股绳。

董卓又收获了虎将吕布。吕布原为执金吾丁原的义子，贪图董卓给他的财帛富贵，杀了丁干爹，认了董干爹。

在后面的情节里崛起的大佬们，此时都恨董卓。包括曹操。

董卓还拉拢曹操，把他任作骁骑校尉来着。曹操看董卓骄横跋扈，造孽太多，就逃了。逃之前，曹操派他的从弟把父亲曹嵩移居徐州。然后，老婆孩子他顾不上了，当天夜里，孤身出逃。

袁绍也走了——董卓和他商量废旧帝立新帝来着，他不同意，弃官逃到冀州渤海郡。

袁绍的弟弟袁术也逃了，弃职逃奔南阳。

曹操跑到陈留，陈留太守张邈赞成他招兵买马，反抗董卓。曹操竖起招兵义旗，三凑两凑，麾下就有人马五千，干将数员了。

中平六年十二月，曹操三十四岁，举起第一面勤王大旗，从陈留出发。

那时，诸葛亮才八岁，父亲刚去世。他和弟弟诸葛均一起，跟随由袁术任命为豫章太守的叔叔诸葛玄到豫章赴任。

没想到朝廷重新派了朱皓取代了诸葛玄，诸葛玄没办法，带着这哥俩去投奔荆州刘表。

袁绍被公推为讨董盟主。他将反董大军兵分三路，如三支利箭，直指董卓心窝。

此时，中央对地方没有任何的控制力了：各地的州牧自己招兵买马，本来应该由皇帝亲自任免的地方官员，逐渐变成爹死了儿子继续当，要不然就是甲上表推荐乙来当，甚至皇帝的诏命还没下来，自己就把自己封了官了。

地方上陷入群雄混战，互相比谁的拳头大——谁拳头大，谁就是一方之霸。结果你招三千人马，我有五千人马，来，打呀，互相伤害呀。

董卓作乱的时候，曹操派从弟护送着他爹一家逃难到了琅琊，正好是诸葛亮的老家。

琅琊在徐州地界，徐州牧陶谦和曹操认识。

之所以选择到琅琊避难，也是因为陶谦。

黄巾战火四起，陶谦到任徐州后，马上选用熟知地理的逃犯带着军队平叛，不到一年就把黄巾军赶出徐州境。

然后，又选贤任能，想办法解决饥荒的大问题。他是汉末天下大乱的时候，头一家推行屯田制的，因为卓有成效，别人也纷纷仿效。后来诸葛亮长大后，在蜀汉当丞相，也推行屯田。

没有战火，好赖能凑合着吃上饭，老百姓甚至包括首都洛阳的人，都纷纷闻名到徐州避难。

因为共同抗击黄巾军，曹操和陶谦也算有些交情，所以，曹嵩也跑去避难了。

曹操如今被济北相鲍信等人迎为兖州牧，拥兵百万，自重一方。所以，他想让父亲来自己的地盘兖州安居。

于是，曹嵩就收拾细软，准备大搬家。这一收拾，就收拾了满满的一百多车的金银珠宝！

临走，陶谦特地摆酒送行，又派下属张闿带着五百军士，沿路贴身保护，将曹嵩送出徐州地界。

没想到张闿和他的手下夜里冲进内室，手起刀落，把人都砍翻在地。据说曹嵩带着他的小妾躲进厕所，结果还被找出来杀了。

然后这群人带着那么多晃花人眼的金珠宝贝，逃了。

曹操听说全家被杀，哭断肝肠，非说是陶谦派人杀了他爹全家，亲自带领大部队，杀奔徐州而来。

曹操下令：但得徐州境内城池，城中百姓，统统杀光！

陶谦的朋友带兵来救，他派人半路把人截杀。

陈宫替陶谦说好话，曹操一头火，不听不听我不听！

曹操大军所过之处，刀枪如泼，剑戟似林，人喊马叫，杀声震天，他的盛怒席卷之处，尸横遍地，血流成河。

第五节　大耳贼不是吃素的

如今的格局，袁绍占了冀州，袁术占了南阳，陶谦在徐州，公孙瓒在幽州，刘表占了荆州，孙坚据守江东，曹操也占了一小块：兖州。

曹操觉得这个馒头不大，吃不饱。

所以，曹操打徐州，一方面是盛怒，另一方面，其实是迟早都会有这么一出。他爹一死，他名正言顺、顺理成章、章法大乱、乱世为王。

徐州积尸数十万，泗水为之不流，赤地千里，荒无人烟。琅琊这座小城也几成废墟。

遭受大难的这一年，诸葛亮才十二三岁。他和兄弟们在跟着叔叔诸葛玄逃离这场大屠杀的过程中，见了人间地狱，满眼的血流成河，赤地千里，死不瞑目，绝望呼喊。

战乱年代成长起来的孩子，心志必须坚忍，否则不是吓死，就是疯狂。诸葛亮竟然始终保持心志的稳定和健全，没死，没长歪，没长坏，没长疯。

曹操连下十城，在彭城和陶谦会战，一仗杀得陶谦大败，退回郯县。

陶谦派人去请公孙瓒支援，公孙瓒派青州刺史田楷发兵，可是田楷也怕杀神曹操，又去找刘备去了。

刘备最大的特征就是他的长胳膊和大耳朵。所谓耳垂过肩，手长过膝。

这个中山靖王刘胜的后人，没有继承中山靖王的财富，只遗传了他的虚名。然后，凭着他自己的本事，把这个虚名变现了，变成了"刘皇叔"。

诸葛亮

▲ 桃园三结义

当然，在他变成刘皇叔之前，还有很长的一段路要走。

他先是拜当时的名学者卢植为师，然后又有了公孙瓒等有实力、有兵马的同学。

他自己在读书方面没有什么大能耐，喜欢的是斗鸡走狗，听听歌啦，穿穿漂亮衣裳啦，话不多，喜怒不形于色。

——有大本事的人，很少有喋喋不休的。

黄巾起义爆发，整个东汉变成一个大地图，黄巾军成了最大的怪，朝廷变成NPC（非玩家角色），各路玩家领了朝廷的任务，开始拼命刷。

刘备也参加了，而且还收了两个铁粉小弟：关羽和张飞。

这一拜，春风得意遇知音，桃花也含笑映祭台。

这一拜，保国安邦志慷慨，建国立业展雄才、展雄才。

这一拜，忠肝义胆，患难相随誓不分开。

这一拜，生死不改，天地日月壮我情怀。

长矛在手，刀剑生辉，看我弟兄，迎着烽烟大步来。

这首歌相当完美地诠释了桃园三结义的情怀之美，让人听起来热血澎湃，恨不得也投身乱世，结识上这么三两个知己，建一番热血功业，不负此生矣！

到现在，民间喝酒划拳，还会一边比画一边叫："桃园三、四红喜、五魁首、六六六……"

因为刘备征讨黄巾军有功，朝廷给了他一个安喜尉的职务。当时朝廷也是急眼了，只要能灭黄巾军，都给点甜头吃吃。结果这样的官派下去许多，就有冒领军功的，还有别的私弊的。

所以，朝廷就又派了监察官下来摸底。这个官叫督邮，上秉朝廷旨意，看谁的官不正当，就给撸了完事。

因为权力大，所以脾气差，本着"疑罪从有"的原则，看谁都像是冒领军功的，尤其那些不给自己送人情赍见礼的。

刘备也心慌，他本来就没什么大后台，好容易拼杀得有了这么一个进身之阶，万一让督邮一个不顺心给撸了，就亏大了。所以他三番四次请求拜见，想来也准备了赍见礼，但是也许礼薄——他家本来就穷，也许是督邮胃口太大，也许这个督邮真的是不收礼的清官？谁知道呢，反正是不肯见他。

老是不肯见，刘备就急了，干脆一条绳把督邮给绑了，痛打一顿。得，这下子这个安喜尉铁定是当不成了，干脆挂印而去，投奔了老同学公孙瓒。

——在《三国演义》里，张飞怒鞭督邮，刘备一个劲儿地拉他没拉住。其实是刘备揍的，这个大耳贼可不是吃素的。

公孙瓒把刘备派在了田楷的手下。后来公孙瓒和袁绍打仗，因为刘备打青州有功，被任命为平原相，关羽、张飞在他的麾下各带一部兵马。

就在这时，常山人赵云也来投奔公孙瓒。公孙瓒把赵云引见给了刘备，刘备和赵云一见倾心。因为刘备被任命为平原相，起程在即，和赵云好一番依依惜别，执手垂泪——大男人，动不动就哭你算怎么回事？

陶谦向公孙瓒求救，公孙瓒把活儿派给田楷，田楷又拉上刘备，于是刘备带着自己的部属两三千人，来了徐州。

陶谦又给了他四千兵马，让他屯兵小沛，并表荐他任豫州刺史。

不过他这个豫州刺史并没有掌控全豫州的权力，因为豫州一分为二，西边是刘表的地盘，东边才是陶谦的地盘，所以他的这个刺史算是二分之一刺史。

从名义上来讲，他和陶谦、曹操、袁绍等人，算是平起平坐了。

第六节　茫茫流星，互不知情

刘备想，也许我可以写封信给曹操，给他和陶谦劝和劝和？

所以，刘备就端着脸，给曹操写了一封信：

"我啊，在关外的时候，曾经拜见过您老大人一面。后来我们天各一方，我也没有能再侍候您一回。过去您的老爹曹侯爷的死实在是因为张闿不仁义呀，哪里关我们陶谦陶大人啥子事。如今黄巾遗孽未清，还在到处捣乱；董卓虽死，他的余党还盘踞在朝内。明公啊，您还是先朝廷之急，后报您的私仇，撤了徐州的兵去救国难吧。这样一来，徐州幸运，天下幸运啊！"

这里要说一下：

董卓已经死了——终于把自己给作死了。

"关东有义士，兴兵讨群凶。"在反董大军的剑指之下，董卓怕了。他下令迁都长安。临走前，洛阳富户们一家家被捉出来，抹肩头拢二臂，背插白旗，旗头大书"反臣逆党"，刽子手头缠红布，鬼头刀闪着寒光，一刀一个，全部把他们斩在城外。

而且，因为袁绍起兵，董卓杀了袁绍的叔叔太傅袁隗、太仆袁基及其他袁家老小，连怀抱中的婴儿，一共五十余口。

这么大批杀人的原因，是劫财，人都杀光了，这些金银财货，都归了董卓。

然后，百万洛阳百姓，被驱赶着、鞭笞着、威逼着、踢打着，千里迢迢，从洛阳奔赴长安。走不动的杀掉，累死病死的扔了。军士们如狼似虎，谁家的大姑娘小媳妇漂亮，拉过来强奸；肚子饿了，百姓的背囊就是他们的粮仓。

他们的背后，洛阳城一片火海。董卓一把火，把洛阳给烧了个精光。那汉家的皇家陵墓，一个个都张着大嘴，是被董卓的干儿子吕布给挖开的。里面的金银珠宝，搜刮一空。

大官发大财，小兵发小财，皇家陵墓轮不着小兵挖掘，不要紧，还有那么多坟墓呢！平民百姓的坟墓，被一个个挖开，尸首扔出来，大钱小钱都搜罗走。旁边野狗红着眼睛在等，前脚人一走，后脚狗吃人。

就这样，董卓装了几千车的金银财宝，劫了天子后妃，到了长安。一边大封弟弟、侄子、宗族老小，一边在长安城东修筑堡垒，又在郿县修筑坞堡，里面存放金银财宝，还存着够吃三十年的粮食。

他想："我平定关东后，就可以雄踞天下；就是失败了也没事，也能在郿坞快活到老。"

人们恨死他了。

司徒王允用财帛收买了吕布——吕布是个爱钱的人，当初为钱杀干爹丁原，如今看见钱，也就忘了董卓这个干爹。

初平三年（192年）四月二十三日晨，董卓乘车去皇宫，吕布随从，把他一戟杀了。

董卓一死，百姓载歌载舞。看尸军士在他的肚脐眼里点灯，他的一身肥膏流了一地。老百姓手掷其头，足践其尸。

虽然他死了，但是，董卓部将李傕等人又击败吕布，占领长安，杀死王允，控制了东汉政权。

兴平元年（194年），三辅大旱，饥荒蔓延，长安城中人吃人。

所以，刘备劝曹操以大局为重。曹操哪肯听他的：你算老几呀。

偏偏这时候，曹操的后院起了火。

曹操拔营来攻打徐州，留守的陈宫和张邈却把逃出长安，要投奔别处的吕布迎到曹操的大本营兖州来了，摆明了要鸠占鹊巢。

曹操一听，这还了得！

马上让曹仁留下，自己带兵回去抢地盘。

曹仁其实心也不在徐州这儿，他也怕兖州真的被吕布他们占了，那样的话，他们曹家就完蛋了。所以，既然由他主事，他就送了刘备一个顺水人情，同意退兵。

你说这事儿巧不巧：刘备劝曹操退兵的信来了，曹操的后院也起火了。这个人情不做也得做。

刘备平白捡了一个大馍馍。

一时之间，徐州百姓欢欣鼓舞，都说刘备是咱的大救星！

话说回来，刘备之所以得人望，并不仅凭着这走了狗屎运的一封信。

说他心怀百姓，这话其实没错。

当初黄巾军包围北海郡，抢劫杀人，刘备就率军驱赶，使北海的孔融——就是小时候让梨的那个孩子，如今长大了——赞不绝口。

如今刘备来到抵抗曹操的第一线，也没有袖手旁观，而是以卵击石，和曹兵交手，虽屡败而屡战。徐州百姓正纷纷逃亡呢，他能拖住曹军一刻，百姓就能多逃出几条命来。

诸葛亮一家人如今也在逃亡中。哥哥诸葛瑾带着继母逃向江东曲阿，叔叔诸葛玄带着儿子诸葛诞和诸葛亮的两个姐姐、诸葛亮及弟弟诸葛均去投靠自己的老朋友。

两个人的命运线只虚虚地交会了一小下，就分开了，如茫茫流星，互不知情。

第二章

晴耕兮雨读

第一节　他是卧龙，不是懒龙

曹操终于退兵了。

经此一大劫，陶谦也油尽灯枯，身染重病，卧床不起。

按照《三国演义》的情节，是糜竺和陈登建议他让位给刘备，陶谦也正有此意，虽然刘备死活不肯，但是陶谦就死活要给，于是刘备就勉为其难，把徐州牧的位置坐了。

这可把曹操气坏了。他这么大举攻打徐州为的啥，为他爹报仇是一事，最重要的，是想扩大地盘，结果我大仇没报，你连半根箭都没费就把徐州占了，我一定要杀了你，再狠戳你的尸首，给我爹报仇！

幸亏谋士荀彧劝阻，让他先好好治理他的兖州，然后再说徐州的事。

总的说来，好像刘备占了徐州，是占了一个大便宜。

事实上，刘备坐上徐州牧的位置，不但曹操气得要死，扬言要干掉他，而且整个徐州的利益集团也不是全都拥护他的。

拥护他的，也不过是糜竺、孙乾、陈登等少数几人而已。

所以后来吕布才会轻而易举抢了他的位置——下邳守将曹豹是陶谦旧部，因为和同守下邳的张飞不对眼，闹矛盾，干脆造了反，和吕布里应外合，破了城。

张飞那么剽悍，却压制不住曹豹，不是他无能，是刘备这只拳头小，徐州利益集团的拳头大。

刘备分明是看到了这层利害关系的，所以他推三阻四。一方面是不愿意乘人之危，或者落一个乘人之危的恶名；另一方面，他又不傻，也不愿意把自己的屁股放在火炉子上烤啊。

后来他终于接受了，实在也是本着"蚊子再小也是肉"的原则。没办法，谁让自己空有壮志而没有地盘呢？先得捞第一桶金再说嘛。

不知道诸葛亮后来从了刘备，是不是也因为刘备能够临危受命，救徐州百姓于危难，给他刷了好感度。

无论出于什么心理吧，刘备这个"徐州人民保护神"的帽子，算是戴稳了。

诸葛亮的叔叔诸葛玄带着几个孩子，在兵荒马乱中奔逃，去荆州投靠老东家刘表。走到半路，诸葛玄病倒，在南阳郡的叶县停了脚。后来诸葛玄病逝，就葬在了叶县的金鸡冢。他病的时候，由后世称为"医圣"的张仲景照顾。

叔叔死后，诸葛亮就带着姐姐和弟弟在南阳的卧龙岗晴耕雨读，不管外面风云变幻。

好像他也不怎么能够管得了，毕竟才十六岁。就算是条龙，也是条幼龙。

如今曹操和袁绍打得正热闹，刘表这个人属于守成型的，别人不惹他，他也不想着往外扩张，不和人干仗，只需要维稳就好。所以，诸葛亮和他的姐姐、弟弟过了一段相对安稳的光景。

来到南阳安家后，诸葛亮的两个姐姐先后嫁了人。大姐嫁给蒯祺，二姐嫁给荆州名士庞德公的儿子庞山民。

庞山民在历史上不出名，只做过不到六品的小芝麻文官，但是他的父亲庞德公和从弟庞统很有名气。

庞德公是东汉名士，刘表数次请他进府，他都不肯去。刘表就问了，你不肯当官挣俸禄，你给你的后世子孙留点啥嘛。

他说，世人留给子孙的是贪图享乐、好逸恶劳的坏习惯，我留给子孙的是耕读传家、安居乐业的生活。同样是遗产，只是我的遗产和你们的遗产不一样。

他的岁数比诸葛亮大多了，但是他和诸葛亮交往密切；还和徐庶、司马徽也交往密切。他把诸葛亮称"卧龙",把司马徽称"水镜",把自己的侄子庞统称"凤雏"。

东汉文人本来就善"品藻",庞德公的品藻更是一字万金。

诸葛亮是他的儿子庞山民的小舅子,刚开始,诸葛亮以师礼事之,每次到他家,都"独拜于床下",他也任由诸葛亮拜下去。在他看来,诸葛亮龙章凤姿,然而还是条幼龙,还小哩。

后来庞德公在鹿门山采药隐居,让人能够想起一首诗:"松下问童子,言师采药去。只在此山中,云深不知处。"

诸葛亮的大姐夫蒯祺是襄阳大族的子孙。刘表之所以能够在荆州立足,是因为有两个豪门支撑,其中一个就是蒯氏家族。

建安十三年(208年),也就是赤壁之战那年,那时候刘表已经死了,曹操大军抵达襄阳,蒯祺随着刘表的儿子刘琮降了曹操,蒯祺被表为房陵太守,诸葛亮的大姐也就当了太守夫人。不过她的丈夫和弟弟却成了两个阵营的人。

诸葛亮的两个姐姐嫁得都算不错,诸葛亮娶得也不错。

当时荆州的地方势力由五个家族把持:庞氏、习氏、黄氏、蒯氏、蔡氏。

庞家以庞德公为首,蒯家是蒯良、蒯越,黄家是黄承彦,习家是习祯、习询、习竺数人,蔡家则是蔡讽。

诸葛亮的大姐嫁给蒯家,二姐嫁给庞家,他自己娶了黄家黄承彦的女儿黄月英,而黄月英又是蔡家蔡讽的外孙女。

看起来好像他和四大家族庞氏、蒯氏、黄氏、蔡氏都发生了关联,却漏了习氏。

不然啊不然,庞家的庞林娶了习家的女儿,所以诸葛亮曲里拐弯地,又和习氏有了关联。

所以,看似诸葛亮躬耕陇亩,不问世事,但是,真的不问吗?

漫说他尚年轻,仗剑锦衣哪堪夜里行;就算他想夜行,这样的背景和政治资本，能让他安安生生地安贫乐道吗？

他是卧龙，不是懒龙。

第二节　他没把自己当成读书人

诸葛亮是个聪明孩子，读书的时候不苦钻，不愚拙，好读书而不求甚解。

诸葛亮爱读《左传》。

这本史书以鲁史为线索，记载了春秋各国的重要史实。其中，着重记述了各诸侯国的政治、军事、经济、法令、外交、文化、历法、天文、风俗等状况。

他关心的难道是文笔吗？他关心的是这些政治、军事、经济、法令、外交、文化、历法、天文、风俗。

而且《左传》中"以民为本"的思想贯串全书，所谓"国将兴，听于民"。所以后来诸葛亮治蜀，特别注意顺应民心、为民兴利。他指出：

圣人之治理也，安其居，乐其业。

所以他"抚百姓，示仪轨，开诚心，布公道"。

所以百姓敬爱他，诸葛亮病逝后，"至今梁、益之民，咨述亮者，言犹在耳，虽甘棠之咏召公，郑人之歌子产，无以远譬也"（《三国志》）。

《左传》中的"法治"思想也是一以贯之的，所谓"为政者，不赏私劳，不罚私怨"，要讲原则。后来诸葛亮治蜀也秉承这一思想。

《左传》里还强调人才的重要作用，诸葛亮治蜀就特别注意人才方面的使用和培养，不分亲疏，唯才是举，提出"治国之道，务在举贤""忠益者莫大于进人"。

蒋琬、姜维、何祗、张嶷、王平、杨洪、杜微、秦宓等一批后起之秀都是他提拔重用的。他用人不唯亲，不唯私，所以虽然和法正不投脾气，但是仍旧花大力气把法正争取过来，为蜀所用。

《左传》中的军事思想更不得了，这本巨著特别善于描写战争，对于战术战略也有精辟的总结。

诸葛亮的军事理论有好些受《左传》影响，比如"师出以律，失律则凶""军无习练，百不当一，习而用之，一可当百""先之以身，后之以人，则士无不勇矣"。

不但军事，而且外交上也受《左传》影响，讲究"辅车相依，唇亡齿寒""亲仁善邻，国之宝也"，要不然，你以为蜀为什么会和吴结好？还安抚南蛮西戎，给自己家的蜀汉一个和平良好的发展环境。

《左传》中的经济思想也是了不得的，记叙有卫文公"务材训农，通商惠工"，以农业为本，带动地方经济，这样的事例给诸葛亮的启发很大，所以他治蜀的时候，就贯彻着这一条经济思想：

"休士劝农，分兵屯田，调其赋税，以充军实。""铸直百钱，平诸物价。"

由于他的大力推行，蜀国百姓务农植谷、工商并举，而且发展蜀锦、重视科技、架桥铺路、兴修水利，所以才会出现"国畴辟，仓廪实，器械利，蓄积饶"的富足繁荣的局面。

另外，值得一提的是，《左传》中的口才辞令记载相当精彩，比如《烛之武退秦师》和《吕相绝秦》，都是嘴炮攻击的范例。前者是在兵临城下的危急情况下，沉着应对，不卑不亢，摆事实讲道理，巧妙利用秦晋两国间的矛盾，鞭辟入里地加以分析，说服秦国退兵，保全了郑国；后者是一篇与秦绝交的最后通牒，字字都是贬斥，句句铿锵，纵横捭阖、利嘴如刀。

诸葛亮就从《左传》里学到了打嘴炮的妙诀，所以他的嘴巴也变得很厉害，否则，也就没有传闻中的舌战群儒了。大家默认了他的嘴炮的厉害，所以罗贯中才会在小说《三国演义》里把舌战群儒的戏码派给他。

《左传》是儒家经典，不过，那个时代，儒家的地位高则高矣，其实还没有高到一家独大的地步。

打个比方吧，孔孟之道是锔破盆儿破碗儿的，哪里破了补一补，哪里漏了堵一堵，总之以现有的皇权为要，不能造反啊，我的弟子们，我告诉你们，你们要做贤臣，不要造反。

大概就是这么个意思。

所以，孔孟之道是守旧之道，不是破旧立新之道。

既然如此，那想破旧立新的人，对现有的社会体制感到失望的人，自然不会奉之为圭臬。比如曹操。

诸葛亮亲眼见识了曹操的杀人如麻，见识了政府的软弱无力，见识了百姓的无路可逃，见识了世界的血与火的噩梦般的荒谬。他希望掌握的不是安身立命的学问，他希望知道一个国家如何治理，一个和平幸福的局面如何打造。

他希望他是一个创造者，而不是一个锔破盆儿破碗儿的。

所以，他心中的目标和偶像，肯定不是儒家的七十二贤人，而是管仲、乐毅。

管仲是春秋时期法家的代表人物，齐桓公任管仲为相，管仲在任内大兴改革，富国强兵。

乐毅是战国后期军事家，辅佐燕昭王振兴燕国。公元前 284 年，他统率燕国等五国联军攻打齐国，连下七十余城，创造了中国古代战争史上以弱胜强的著名战例，报了强齐伐燕之仇。

这两个人都不是什么善茬。

所以，诸葛亮从来就没有把自己当成读书人。

他是把自己当成能够安邦定国、以弱胜强的改革家和军事家！

这是他的志向。

第三节　高人更要高人帮

诸葛亮晴耕雨读，生活算得上安宁。

他的长兄诸葛谨已经到了江东，而且做了孙权的幕僚。

此时曹操已经把汉献帝接到许县，挟天子以令诸侯。堂弟诸葛诞到了许都，深得朝廷赏识，官位连升。

只有他这条龙，还卧在田埂。

诸葛亮有一篇非常有名的《诫子书》：

夫君子之行，静以修身，俭以养德。非淡泊无以明志，非宁静无以致远。夫学须静也，才须学也。非学无以广才，非志无以成学。淫慢则不能励精，险躁则不能冶性。年与时驰，意与日去，遂成枯落，多不接世，悲守穷庐，将复何及！

诸葛亮想让儿子成君子，那么，他自己首先要是一个君子。

君子是什么样的？静下来，才能够修身；俭朴起来，才能够养德。

如果不能淡泊自守，一味甘脆肥酽，就不能看清自己的志向；如果不能宁静以处，一味声色犬马，心思就不能远达天地。

他这个人，心是正的，走的是君子的路子。这是他人生的底色。日后他执掌大权，不谋朝，不篡位，一味尽忠辅佐君主。即使排除异己，也从不滥用权力，不像曹操和司马懿那样，动不动就钢刀连闪，人头滚滚。所以将来的日子里，他执政的时候，蜀国的权力更迭基本上是不流血的。

而他的宁静淡泊的心性，是以他这段躬耕陇亩的静而俭的日子打底的。

诸葛亮再牛，也要人引荐。

他的老师是司马徽，人称水镜先生。水镜先生精通道学、奇门、兵法、经学，为人清雅，学识广博，有知人之明。

卧龙诸葛亮、凤雏庞统，都是他推荐给刘备的。

民间有一个传说，说诸葛亮第一世是姜子牙，封神的时候，佛祖说他的骨骼太差，不足以修仙，所以他只好重新转世做人。

但也没有做成诸葛亮，而是转成孙膑。就是"小孙子"，战国时期的战神。

"大孙子"是孙武，春秋时期的战神。

到诸葛亮，已经是第三世，然后做了司马徽的学生。

又有一个传说，元代有一部书叫《仙鉴》，其中有一篇《诸葛亮拜师》，说的是司马徽并没有收诸葛亮做学生，而是和他以朋友相称。他是给诸葛亮推荐了一个老师。他对诸葛亮说：

"你现在只能算个二流人才，我给你推荐一个人，你去拜他为师，继续深造去吧。"

于是向他推荐了汝南灵山的一个叫酆玖的人，说他熟谙韬略，如海洋般无法测透。

然后，司马徽就带着他一起去了灵山，引见他拜酆玖为师。

酆玖老师经过考察，发现诸葛亮心性极好，坚忍好学，于是就拿出秘籍《三才秘箓》《兵法阵图》《孤虚旺相》，让他好好揣摩研究。

等他尽得书中奥妙后，酆玖老师又给他讲，如今汉室衰微，我向你推荐一人，你跟着他济世救民去吧。

这个人是刘备。

诸葛亮觉得有点不靠谱，毕竟和孙权、曹操比起来，刘备最弱小，身边有名的人只有几个。

酆玖评价刘备身边的助力：

"关羽为解梁老龙；张飞是涿州玄豹；赵云乃常山巨蟒。都是世不二出的忠义猛将！以后又有襄阳凤雏、长沙虎母、西凉驹子、天水小龙，这些人都是你的好帮手。所以，不必忧虑地去吧。"

于是，诸葛亮下了山。先去见司马徽，司马徽一见就说："你现在才真的算是第一流人物了。"

这才有了日后的三顾茅庐和隆中对。

还有一个故事，更神奇。

《历代神仙通鉴》中的故事是这样的：

诸葛亮想学习，到灵山去拜了酆玖学艺，酆玖一百天就教会了他各种道术。然后酆玖送他下山，给他推荐了一位高人，让他学习更高深的道术。

这位高人住在武当山，叫北极教主。

结果诸葛亮到了北极教主这里，北极教主天天让诸葛亮洗衣、烧饭、挑水，当勤务兵使唤。就这样过了好几年，看诸葛亮一点也没有不耐烦，就把高深的道术教给了他。

最后诸葛亮学成下山，回头一看，武当山没了。他就去找酆玖，结果去了一看，灵山也没了。

所以说这是神话嘛。

这些小故事只是说明一个意思：

纵是天纵奇才，这奇才也不是生下来就什么都会。必定有马前卒替他在命运的洪流中前行时效力，或师，或友。

比如水镜先生司马徽。诸葛亮师之学习纵横术。

比如他的老丈人黄承彦。诸葛亮师之学习阵图兵法。

比如"军中无大将，廖化做先锋"这句俗语里的廖化的爷爷——廖九公。诸葛亮师之学习处理各种紧急事情的计策，包括空城计。

比如庞统的叔叔庞德公。

甚至还有他那个虽然丑，但是有才的老婆黄月英。

第四节　大家组团上

就是在读书深思中，诸葛亮逐渐形成自己的独立思想。

——这是很重要的。

人一定要有自己的独立思想，以别人的思想为拐杖，也不过是为学走路，当学会之后，这拐杖就要丢掉。

见过许多人，把经典奉为圭臬，老是拄着不撒手，活活把自己给走瘸了。

诸葛亮特别看不上那些个泥古不化的人。所以他写了一篇《论诸子》：

老子长于养性，不可以临危难。商鞅长于理法，不可以从教化。苏、张长于驰辞，不可以结盟誓。白起长于攻取，不可以广众。子胥长于图敌，不可以谋身。尾生长于守信，不可以应变。王嘉长于遇明君，不可以事暗主。许子将长于明臧否，不可以养人物。此任长之术者也。

用白话来说，就是老子的道家学说，对平时的修身养性来说是好的，但面临危难之时却发挥不了任何作用，只能躲，躲不过就得死。

商鞅的法家学说，可以让人有法可依、有法必依、执法必严、违法必究，但是用来教化百姓，不成。

苏秦、张仪是战国著名的纵横家，舌头巧，会说话，善辩论。这样的人擅长劝人背反，而不利于人与人之间缔结盟约后遵守誓言。

白起屡战屡胜，能攻城克地，但是不能治理和安定百姓。

伍子胥擅长图谋敌人，却不懂自我保全。

尾生跟人约定在桥下相会，下暴雨抱着桥柱子不走，宁可被洪水冲跑，这样的人擅长遵守诺言，但是，这不是一个找死的呆子吗？

王嘉这个人，如果遇到明君，没问题，一定能够大展拳脚；但是遇到没本事的君主，或者心胸狭窄的君主，他就没戏唱。

许劭许子将，每月都要对当今人物进行一次品评，人称"月旦评"，他对于人物的评价倒是精准客观，可是这样一来，不是让人们互相争斗，彼此看不对眼，甚至互相残杀吗？

所以，用人要用他的长处，学东西也要学它的精华，不能不分好坏，也不能心存门户之见。凡事、凡物、凡人，都要捡着能为我所用的来为我所用，这才是好的用人用世之道。

——可以说，诸葛亮是很冷静理性的一个人，很通达权变的一个人，很灵活机智的一个人。他读书，没把自己读瘸了。

诸葛亮渐渐学成了。本事有了，躬耕陇亩的世外高人的形象也有了。

和他交往的人，也都是经过他严格筛选的，除了经常向庞德公请教之外，平辈论交的，只有庞统、马良、向朗等几人。

另外还有几个人：石广元、崔州平、孟公威、徐元直，都是从外地来荆襄之地避难的。崔州平曾经当过大官，如今落魄逃难；徐元直原名徐福，年轻时会耍剑，以侠客自居，结果侠来侠去，就杀了人了，更名换姓，成了徐庶，就是"徐庶入曹营——一言不发"的那个人，也隐居荆州。

这几个人，诸葛亮和他们也走得很近，交往得很好。虽然这几个人都比他岁数大得多，但是交往起来没有年龄障碍。本来诸葛亮就很早熟——饱经战乱的孩子，哪一个不是早熟的？用人血和人命催熟的。

他们没事就清谈，在诸葛亮的四面漏风的茅庐偃仰啸歌。这天，他给四个人开玩笑般地预测，说他们都能做刺史、郡守之类的官。他们就问他："你能做什么官？"

诸葛亮笑而不答。其实他心里想的是："我是管仲、乐毅一类的人物，难道出仕要告诉你们吗？"

其实他不说，他们也知道他心里的想法。他曾经这样说过，还为此遭受过别人的嘲笑，但是这四个人不会笑他，他们觉得，他就是管仲、乐毅一流的人物，有出将入相之才，定国安邦的本事。

就这，水镜先生司马徽都觉得不够，要把他比作"兴周八百年之姜子牙、旺汉四百年之张子房"。

牛乎哉？大牛也。

诸葛亮的老丈人是黄承彦，也是个名士，他是自己保媒，把女儿嫁给诸葛亮的。

黄承彦者，高爽开列，为沔南名士，谓诸葛孔明曰："闻君择妇，身有丑女，黄头黑色，而才堪配。"孔明许，即载送之。时人以为笑乐，乡里为之谚曰："莫作孔明择妇，正得阿承丑女。"(《三国志》)

可是为什么诸葛亮要娶这么个丑姑娘呢？满头黄毛，一身黑皮。

因为人家有才。

一方面，这个丑闺女是真的有才，另一方面，诸葛亮得了很大的实惠：

黄家是荆州的名门世家，黄月英的母亲蔡氏是蔡讽的长女，蔡氏的亲妹妹嫁给了刘表做填房。这姐儿俩又有蔡瑁这个亲兄弟，蔡瑁是当时名将。

这样一来，黄承彦和刘表是亲戚，刘表得叫他一声"姐夫"。

蔡讽的姐姐嫁给了太尉张温，蔡讽又是蔡瑁的父亲，黄承彦的女儿得喊蔡瑁舅舅，诸葛亮也得喊蔡瑁舅舅。

这样一来，这门亲事让诸葛亮左勾右连的，和当时的权臣、诸侯、名将都有了亲密关系。这是老丈人家带给他的福利。

再看黄承彦的朋友，庞德公、司马徽、庞统、徐庶，哪个不是大咖？黄承彦不过是沔南名士，而庞德公、司马徽却是东汉名士，全国闻名。

奇怪的是，诸葛家三兄弟，后来一个在蜀效力，一个在魏效力，一个在吴效力。好像三个鸡蛋放进三个篮子里。为什么他们不并肩作战呢？

其实这是家族的生存之道。家族要想存续，不可宝押孤丁，否则万一全军覆灭，家族就完蛋了。

分散开来，总能留下一点火种，这一点火种，以后又能繁衍起熊熊的大火。

没办法，古代不像现代。现代人特别注重个人命运，过去的人却把自己的命运绑在家族的战车上，面对叵测的世界，大家组团上。

第五节　双鸿鹄，往哪儿飞？

据说，黄承彦的女儿黄月英长得其实不丑，而且还是标准的美女，又有才。但是乡里的女孩子嫉妒她，就宣传她长得丑。黄月英也想考察一下诸葛亮，就让父亲替自己提亲，说自己家有丑女。

结婚那天，黄月英顶着一块红盖头，诸葛亮来到跟前，她一把就把盖头掀了。诸葛亮一看：哟，好个小美人儿！原来他们都骗我，你也骗我，你个小骗子。然后两个就甜甜蜜蜜，没羞没臊了。

后来，人们结婚，就都用起红盖头了。

再然后，诸葛亮搞发明创造，比如木牛流马什么的，就是黄月英和他一起琢磨的。而且传说她上通天文，下察地理，富有韬略，诸子百家，无所不晓。

西北有高楼

佚名

西北有高楼，上与浮云齐。

交疏结绮窗，阿阁三重阶。

上有弦歌声，音响一何悲！

谁能为此曲，无乃杞梁妻。

清商随风发，中曲正徘徊。

一弹再三叹，慷慨有余哀。

不惜歌者苦，但伤知音稀。

愿为双鸿鹄，奋翅起高飞。

这下子真成了双鸿鹄，奋翅飞。不过，往哪儿飞？

外面风大雨大，乱风乱雨。

刘备一封信退了曹操的兵围徐州，替曹操坐镇兖州的荀彧和程昱全力死守，给他保全了一部分兖州地盘。

吕布有勇无谋，虽然大部分兖州地盘都响应自己，但是仍旧与曹操艰苦相持，直到那些叛县陆续回到曹操的怀抱。吕布被杀得大败，逃往刘备坐镇的徐州去了。

刘备倒是厚道，听说吕布率军来见，马上亲自迎接，请他屯兵小沛。

吕布在徐州还替刘备平了一次事。

袁术也想占徐州，一方面想和吕布结成儿女亲家，把吕布拉拢过来，吕布一答应，他马上就派纪灵带兵攻打刘备。

刘备向吕布求救。吕布把他和纪灵找来，让他们罢兵言和。

纪灵怎么肯，刘备的三弟张飞也不肯，两个人眼瞪得像铜铃，就要打架。吕布说你们急啥！拿我的方天画戟来！

他让人把方天画戟拿到辕门外远远插定，然后回头跟纪灵和刘备说：

"辕门离中军这儿一百五十步，我要是一箭射中画戟的小枝，你们两家罢兵。如果我射不中，你们各自回营，想怎么打就怎么打。有不听我话的，后果自负。"

从纪灵这个角度看那把方天画戟，戟上的枝小小的，想射中，难！干脆送吕布个空头人情，就一口答应。

刘备是人家盘中菜，答应了还可能不被人打，不答应是一定会被人打，当然也一口答应。

吕布吞了一杯酒，也让他们一人吞了一杯酒，这算是下了定钱，然后让人取过弓箭，挽起袍袖，搭上箭，拉满弓，叫一声："着！"

嗖的一声，正中小枝。帐上帐下，将校齐声喝彩。

这下子纪灵没说的，只好退兵。刘备暂时安全了。

至于曹操，迎献帝于许都，被皇帝升了大将军，封武平侯。曹操手下的一干人等，统统封官晋爵。

他的势力越来越大，目标也越来越远大。以前也许是一城一池，如今却是全国都想收到自己翼下。

他有这个心胸，别人也有。

袁术在淮南称帝。

孙坚的大儿子孙策割据江南。

吕布占了徐州——他到底把刘备赶出去了。

——曹操挟天子以令诸侯，下令让刘备去打袁术，吕布却趁机夺了刘备的徐州。

刘备没办法，只好派人向吕布请降。吕布安排他屯驻小沛，两个人的位置颠倒了一下。

吕布占了徐州，因为张飞恨吕布夺了徐州，派人截夺了吕布买来的战马。吕布怒了，带兵攻打小沛。

刘备逃到曹操那里，和曹操一起攻打吕布，把吕布围死在下邳。

数月后，因为吕布苛待手下，他的部将造反献城，吕布被擒。

本来吕布已经向曹操服了软，想要给他做爪牙，替他打天下，谁知道刘备说了一句话："曹公，你忘了丁原和董卓的下场了吗？"

丁原认了吕布当干儿子，然后被吕布干掉了；董卓认了吕布当干儿子，然后也被吕布干掉了。

于是曹操就把吕布给吊死了。

刘备为什么要添这么一句话，坑杀吕布？

有勇无谋还可恕，可以拿他当一个冲锋陷阵的勇夫。但是，有勇无德就麻烦了，不定什么时候就会噬主。

刘表联合张绣打曹操，却被曹操打得落花流水。

曹操又杀吕布，占徐州。

再然后，曹操继续准备打袁绍。

孙策也逐渐发展壮大，占了江东。

大鱼吃小鱼，小鱼吃虾米，吃到最后，东汉的海里游着几条巨鲨。

第六节　坐在观众席

刘备投奔了曹操，就被曹操引荐给了汉献帝。汉献帝刘协翻了族谱，称他一声"皇叔"，于是就坐实了他"刘皇叔"的名号。

其实，如果真论辈分，刘备当献帝的爷爷都富余。所以，这个"刘皇叔"估计也就是小说家言了。

汉献帝在曹操的屋檐下，活得可憋屈了。于是他就在伏皇后的出谋划策下，发起一次代号为"衣带诏"的讨贼行动，参与者有董承董国舅、侍郎王子服、将军吴子兰和长水校尉种辑、议郎吴硕，还有刘备这些人。

刘备既然已经站在了皇帝这一队里，在面对曹操的时候，就更得要韬光养晦，所以就天天在自家后园子里种菜。

这天曹操命人请他来自己府里，一照面就笑："你在家做的好大事！"

刘备耳边仿佛响起一个焦雷，只差没一屁股坐地下。

曹操说我也没啥事儿，有日子没好好说话了，来请你聊聊天。

聊来聊去，聊到了天下英雄。曹操问刘备：你觉得当世英雄都有谁？

刘备："淮南袁术。"

▲ 青梅煮酒论英雄

曹操笑："冢中枯骨。"

刘备："河北袁绍。"

曹操再笑："色厉胆薄，好谋无断；干大事而惜身，见小利而忘命。"

刘备："刘表刘景升。"

曹操继续笑："虚名无实。"

刘备："江东领袖——孙策孙伯符。"

曹操摇头："拼爹拼出来的名气。"

刘备："益州刘璋。"

曹操再摇头："不过一只看门狗。"

刘备："张绣、张鲁、韩遂……"

曹操大笑："一群碌碌小人。"

刘备两手一摊。

曹操说什么是英雄？胸有大志，腹有良谋，有包藏宇宙之机，有吞吐天地之志，这样的人才是英雄。"你、我，才是英雄！"

刘备手一抖，筷子落地，耳边炸起一声焦雷。"哎呀！"他低头去捡，"好大的雷。"

曹操一见，一个胆小鬼。天下英雄，不谦虚地讲，就是某家了，哈哈。

这是《三国演义》里的情节，而在史书《三国志》里说：

> 是时曹公从容谓先主曰："今天下英雄，唯使君与操耳。本初之徒，不足数也。"先主方食，失匕箸。

可见曹操是真的说破了刘备的心事，真的吓了他一跳。主要是他对曹操怀着杀心，有点做贼心虚的意思。

然后，刘备就借着讨伐袁术的机会，要了五万兵马，逃之夭夭，也顾不上"衣带诏"计划了。

曹、刘之间，也就彻底撕破了脸皮。

刘备在徐州待得习惯了，这次又跑到了徐州，杀了守将，自己做了徐州牧。他的名声好，各郡县都来归附。

然后他又派人和袁绍结盟——刘备讨伐袁术，大获全胜，袁术已死。袁绍虽是袁术的哥哥，但是袁术始终瞧不起他，觉得他是庶子，贱婢所生，有什么资格和我称兄道弟?

所以袁绍也就和刘备结了盟约，共同抗曹。

至于杀了曹操之后怎样，那是以后的事。一山容不容二虎以后再考虑，如今先乱拳打死老师傅。

诸葛亮那年不满二十岁。正求他的学，交他的友，拜他的师，读他的书，耕他的地。

不幸的是，"衣带诏"计划被曹操知道了。

这下子他大开杀戒，杀董承，杀王子服，杀种辑，杀他们的全家老小，上上下下。手起刀落，血溅十米。

然后又仗剑入宫，把董贵妃活活勒死。汉献帝想救都救不了，只能说："你死以后，到了地底下，不要怨我呀。"

这还是皇帝吗?

曹操也特别心凉：我待刘备你这么好，你也要杀我。于是率军东征。

本来对袁绍来说，这是一个很好的抄后路灭曹操的机会，结果袁绍因为儿子得病，放弃出兵。

曹操大破刘备，刘备逃到袁绍那里。

关羽本来把守下邳，也被攻破，被迫降曹。刘备的家眷也住在下邳，这下也被曹操一锅端回去，成俘虏了。

当然，这些戏和诸葛亮没什么关系。眼下刘备和他也没有一毛钱的关系。

他连旁观都没资格。

但是，并不妨碍他以一种上帝视角，全方位地观摩这场人间大戏。他现在坐在观众席。

第七节　小房子，大人参

建安五年（200年），袁绍和曹操在官渡大打一架，结果是袁绍输了。

曹操待关羽不错，关羽也报了他的恩，阵斩了袁绍的大将颜良。这一战后，关羽被曹操表封汉寿亭侯。

袁绍一听一个红脸大汉杀了颜良，一定是关羽啊！当时刘备正在他帐前听令呢，他下令杀了刘备。刘备说天底下红脸大汉多了，不见得是我二弟呀！

袁绍一听有理，放他一马。

关羽得知大哥在袁绍那里，也带着刘备的家眷，千里走单骑，找哥哥去了。曹操没拦住，也不忍心死拦，任由他过五关斩六将，扬长去也。

刘备因为关羽杀了袁绍的大将，他要将功折罪，所以就到处给曹操捣乱，打游击。但是他手下都是袁绍的人，不好使，所以就带着很少的人又投奔刘表去了。

命运的线快要把刘备和诸葛亮连在一起了。

至于江东孙策，曹操想用和亲来稳住他，结果吴郡太守许贡悄悄给曹操写信，劝他把孙策召往许都控制。信被孙策给截获，孙策就把许贡杀了。结果这天，孙策带兵打猎，被许贡的三个家臣截住，用毒箭射中了脸。

临死，孙策把印绶交给弟弟孙权，让他好好治理江东。

此时江东有张昭、周瑜、鲁肃、诸葛谨（诸葛亮的大哥）等一班大臣尽心辅佐，一时之间，孙权威震江东。

袁绍兵败后逃回冀州，于建安七年（202年）病逝。

他的三个儿子里面，袁谭和袁尚因为夺嫡的事打起内战来了。打来打去，便宜了曹操。他先帮着袁谭打跑袁尚，又杀掉了袁谭。

袁尚和袁熙哥俩还有袁绍的外甥高干，也先后死去。

曹操灭了袁绍，又跑去灭了乌桓，整个北方落入曹操的囊中。

节奏有点快是不是？毕竟这本书是诸葛亮的主场，所以，别人的一天一天的岁月，到这里基本上就是一帧一帧地快进。时光如水，谁的人生在别人的眼里不是转瞬即逝。

一晃又好几年过去。诸葛亮年逾二十，已经安身成家。如今，差的就是立业。

要立业，就和国运连在一起了。

以前是借得一片安宁之地，休养这个卧龙身躯。但是，是龙总得要飞腾起来，总卧着算怎么回事。

而且，时势所关，也不由他不动弹动弹。

曹操就要着手灭荆州刘表和江东孙权了，要不然他没办法统一全国，称霸天下。

荆州是四方要冲，要打南方，必得先占荆州。所以，刘表很荣幸地上升为他的头号敌人。

建安六年（201年），刘备投奔刘表，刘表支援了他一些兵力，让他驻扎在新野，好时刻关注曹操动向。曹操如果来打，他也能替自己先挡一挡。

但是，刘表明显也是防着他。曹操北征乌桓，刘备是建议刘表抄曹操后路的，没想到刘表却不信他，也不听他的，生怕他鸠占鹊巢，夺了自己的控制权，结果错过了在曹操北征之时最佳的偷袭良机。

刘备虽然失望，但是雄心始终未灭。

他梦想着有自己的地盘、自己的事业，不要老待在别人的屋檐下。

就跟现在的人租房住是一个道理。为什么倾全家之力也要买一处自己的房子，大的买不起买小的，为的就是出口气儿也顺当！当有了能力，再

▲ 官渡之战

拿小的置换成大的，再把大的置换成别墅，一步步不就成了？

　　曹操正在打天下给自己置换大房子，刘备想着把自己从租房的状态，变成能买一处小房子的状态。

　　凡是干大事的人，都拿人才当宝。曹操为了招揽人才，屡下招贤令，讲究尚才不尚德，有本事就行，德行放一边。刘备为了招揽人才，就玩了一出"三顾茅庐"，硬生生把诸葛亮这棵大人参挖出山。

第三章

茅庐兮三顾

第一节　命运就是绣花针

话说曹操要打荆州刘表，新野算是前线位置，当然要先打新野。

刘备用了谋士单福的计策，杀得曹军大败一仗，又败一仗，再败一仗。领兵的曹仁败回许昌，告诉曹操说是单福为刘备出谋划策，以致自己大败。

曹操一听，眼亮了："单福是谁呀？"

帐下谋士介绍，他本名不叫单福，他叫徐庶。

徐庶本名徐福，字元直，小时候是个小流氓，好打架。给人报仇后隐姓埋名，逃之夭夭。被官府逮住后，问他叫什么，他不说，就被绑到村子里，拿钢刀指着，逼问他姓甚名谁，又问村里人他姓甚名谁。

他还是不说。

村里人谁也不敢说，怕被打击报复。可见他有多恶。

后来他被朋友救走，逃得一命。从此竟然改头换面，不再耍勇斗狠，开始读书了。

浪子一回头，吓死两头牛。从此他早睡早起，打扫卫生，认真学习，又和一群书生搞到一起。以前这群书生都瞧不起他，如果搁现代，那就是一个染着黄毛，刺着文身，拎着片刀的社会青年啊，一朝居然戴起眼镜，捧起书本，文质彬彬，让人大跌眼镜，心脏受不了。

但事实上，他还真的学有所成了。董卓作乱的时候，他避难到了荆州，认识了诸葛亮。

刘备在刘表的安排下屯兵新野，他知道刘备爱才，礼贤下士，就来投奔刘备，并建了大功。

——也在曹操这里挂上了号。

曹操抓了徐庶的母亲，逼他归顺。徐庶去跟刘备告别，刘备眼泪哗哗的："母子天性，元直啊，你就不要挂念我啦，赶紧去吧。以后有机会我再向你求救啊。"

一个大男人，哪来这么多的眼泪啊。

他给徐庶饯行，说："先生啊，你我缘分浅薄，以后你就在新主那里好好建功立业吧。你走了，我也要归隐山林了。"

徐庶说："甭怕，我就算走了，我也不给曹操出一谋、划一策，放一百二十个心吧。刘使君，你也另找别人辅佐吧。"

刘备摇头，还有谁能像你这么优秀呢。

徐庶走了。此时宜有音乐，送战友，踏征程……错了；执手相看泪眼，竟无语凝噎……又错了。

反正刘备是依依别离情，徐庶是频频回头意。眼看着望不见了，刘备还含着两泡泪，他恨不得把这片树木都伐了，因为它们遮挡了刘备望徐元直的视线啊。

刘备正望眼欲穿时，徐庶又打马回来了。刘备一喜："莫非他不走了？"

原来徐庶向他推荐一人："此间有一奇士，只在襄阳城外二十里隆中。"

刘备问："此人比先生才德何如？"

徐庶拍胸脯说："我和他比，就好比劣马比麒麟、寒鸦配鸾凤，提都不能提。这个人常常以管仲、乐毅自比，其实在我看来，管仲、乐毅哪里比得上他！此人有经天纬地之才，是天下第一人才！"

刘备大喜，问此人是谁，原来就是诸葛亮，因所居之地有一冈，名卧龙岗，所以自号卧龙先生。

在刘备和诸葛亮的命运线上，徐庶起了一个牵线搭桥的作用后，就功成身退了。

下一步，就是他们二人的戏了。

所以说人都是带着使命来的。天下人好比一条条丝，你并不知道这些条丝线能织成什么样的一匹布，在什么样的一匹布上绣出什么样的一朵花，这朵花的花心上趴着一只蜜蜂，又是谁的丝线绣上去的。

命运就是绣花针。

刘备求贤若渴，带着厚礼就要去隆中拜谒诸葛亮，却忽然来了一位客人：戴着高帽子，衣带子宽宽的，一副高人模样。

刘备一听报告，大喜："哎呀，莫非是孔明先生来啦？"赶紧整整衣裳，正正神色，喜眉笑眼迎了出去。结果一看，不是别人，正是水镜先生司马徽。

原来司马徽是来看徐庶的，刘备说不巧得很，徐庶已经去曹操那里了。不过他走的时候，给我推荐了南阳诸葛亮。

司马徽笑了："这个徐元直，你走就走吧，何必把他说出来，让他呕心血？"

刘备纳闷："为什么这么说？"

司马徽接着徐庶的话，继续介绍诸葛亮：

"孔明与博陵崔州平、颍川石广元、汝南孟公威、徐元直四人为密友。这四个人读书求的是精纯，只有孔明读书只看个大概。他曾经抱膝长吟，指着这四人说：'先生们做官可以做到刺史、郡守。'这四个人就问孔明志向何在，孔明只是笑，也不说话。他倒是常常把自己比成管仲、乐毅，这个人的才能，不可限量啊。"

刘备倒是信了，但是关羽不信："管仲、乐毅是春秋战国名人，功盖寰宇。孔明自比此二人，是不是太过了？"

司马徽笑："以我看来，他是不应该拿这两个人作比，他应该和兴周八百年的姜子牙、旺汉四百年的张良张子房相比。"

大家伙都面面相觑。

第二节　访不着

司马徽似乎是借着来访徐庶的由头，专给诸葛亮打前站来的，当下也不耽搁，起身就走，出门仰天大笑：

"卧龙虽得其主，不得其时，惜哉！"

事实上，看看诸葛亮的命运，可不就是这么回事嘛！得了明主，但是，却不是施展抱负的好时机，最终抱憾而亡。

听司马徽那么一说，刘备更想见诸葛亮了，所以第二天就出发，带着关羽、张飞及随从，备着礼物来到隆中。

远远地，看见山脚下有几个人正抡着锄头在田间耕作，嘴里还唱着歌：

> 苍天如圆盖，陆地似棋局；
> 世人黑白分，往来争荣辱；
> 荣者自安安，辱者定碌碌。
> 南阳有隐居，高眠卧不足！

刘备一听，好歌！问农夫这首歌是谁作的，农夫说是卧龙先生作的——又一拨打前站的。

刘备问清卧龙先生的住所，策马前行，没几里就到了卧龙岗。

真是个好地方啊！

一带高冈，枕着流水。高冈高处，压着云脚；流水潺湲，如同音乐。整个地势如同困龙蟠在石上，又像单凤栖在松荫。有一户人家的柴门半掩，把茅草房隐在门后。两边有修竹青翠，四时有篱落野花香。

刘备亲自下马叩门，出来一个小童。他还想摆摆谱："汉左将军宜城亭侯领豫州牧皇叔刘备，特来拜见先生。"

小童子不买账："这么长的名字我记不住。"

刘备吃了一小瘪："你只说刘备来访。"

童子有点鬼，说先生一早出门了，不知道去了哪儿，也不知道何时回来。他怎么不一开始就告诉先生出去了？因为他看不上刘备这个想要臭屁一下的模样。

来这里拜访先生的人，没人敢嚣张。

刘备也不敢。张飞催他回去，他也不肯，想再待待。关羽也催他回去，没办法了，他回去了，不过嘱咐童子："你先生回来后，你一定要告诉他刘备来过啊。"

往回走，一边看景色，一边心里惆怅。结果就遇见一人，个挺高，长得挺帅，衣裳也挺有仙气，拄着拐杖从山边小路转过来。刘备滚鞍下马："这一定是卧龙先生了！"

这就施礼拜见。

结果动问之下，原来不是诸葛亮，是诸葛亮的朋友，博陵崔州平也。

两个人就在林间石头上坐着聊了起来。崔州平劝他安生着吧，天下大势，本来就是治太久生乱，乱久而治。如今汉家天下太平日久，所以又到乱的时候了，何必还让诸葛亮出来斡旋天地，补缀乾坤，徒费心力呢？俗话说得好，顺应天意的人活得轻松，逆势而为的人活得辛劳啊。这是命，别改了。

刘备不听，以汉室子孙自居，说自己的使命就是匡扶汉室，怎么能把一无所成归结到命运上面？

看来刘备也是"人定胜天"的理论的实践者和推行者。

崔州平也不勉强，又扯两句闲话就要走。刘备请他跟着自己回去算了，他不肯，走了。张飞可看不上了："孔明没访着，遇着这么个冒酸气的文化人，说这么多闲话干吗！"

刘备学乖了。过了几天，他先派人打听诸葛亮回来了没有，人说回来了，他才让人备马。

张飞不乐意："就是一个村夫，哥哥你亲自去干吗，派人叫他来就是了。"

他哪里知道刘备手下无人的心焦，被刘备呵斥一声："你懂什么，这么一个当代的大贤人，怎么能呼之即来？"

于是，刘备又带着关羽和张飞出发了。天气冷，又起了北风，下起大雪。张飞又不高兴了："这么冷，用兵都不合适，更何况跑那么远见一个没用的家伙。回去，咱们回新野去。"

这家伙嘴碎得和八十老太太有一比。

主要也是因为他哥儿仨都比诸葛亮大那么多，而且都南征北战、东挡西杀，战阵不知道出入了多少，生死不知道见过了多少。所以，去见一个种地念书的小毛头，实在是心理不平衡得很。

虽然关羽不怎么说话，他也是不赞成的。

刘备在关羽和张飞面前，是特别傲娇的一个人，他说："我就是想让诸葛孔明知道我对他的一片心意。如果你们怕冷，就先回去呗。"

张飞软了："死都不怕，还怕什么冷。这不是怕哥哥白费神嘛。"

刘备："那还多说什么，跟我走。"

第三节　又访不着

快到诸葛亮的茅庐了，忽然路边的一个小酒店里有人唱歌：

壮士功名尚未成，呜呼久不遇阳春！
君不见东海老叟辞荆榛，后车遂与文王亲；
八百诸侯不期会，白鱼入舟涉孟津；

牧野一战血流杵，鹰扬伟烈冠武臣。

又不见高阳酒徒起草中，长楫芒砀隆准公；

高谈王霸惊人耳，辍洗延坐钦英风；

东下齐城七十二，天下无人能继踪。

二人功绩尚如此，至今谁肯论英雄？

唱完沉寂一会儿，又有一个人拍着桌子唱歌：

吾皇提剑清寰海，创业垂基四百载；

桓灵季业火德衰，奸臣贼子调鼎鼐。

青蛇飞下御座傍，又见妖虹降玉堂；

群盗四方如蚁聚，奸雄百辈皆鹰扬。

吾侪长啸空拍手，闷来村店饮村酒；

独善其身尽日安，何须千古名不朽！

这两个人唱完了，拍着巴掌大笑。刘备一听："卧龙肯定在这里面哪！"马上下马进店，看见两个人正喝小酒。一个人脸白白的，留着长须。一个长相清奇，有古人之貌。

他一揖到底，问："两位先生，谁是卧龙先生？我是刘备，来访求先生，求济世安民的要术。"

结果这两个人都是诸葛亮的朋友，一个是颍川石广元，一个是汝南孟公威。刘备邀请二位跟着他一起去卧龙庄，大家谈一谈。石广元不去，说我们都是山野之人，懒于政事，也不懂什么叫治国安邦，也不需要你向我等折节下问。你们去找卧龙吧。

刘备对诸葛亮的兴趣越发浓厚起来，看这些和诸葛亮做朋友的，一个个古貌古心，都不是平常人。看一个人什么样，要看他的朋友圈。诸葛亮的朋友圈长这样，诸葛亮又能差到哪儿去。

所以他也不耽搁，辞别二人，上马直奔卧龙岗。

这次熟能生巧，直接问："先生今天在庄上吗？"

小童说："正在堂上读书哩。"

刘备大喜，可算见着活的了。

第一次进到人家的院里来，看见中门大书一副对联："淡泊以明志，宁静而致远。"

言言句句，都不是入世的人哪。刘备有点沉吟，忽然又听屋里传来吟咏文章的声音，就站在门边，悄悄往里看。

草堂上，坐着一个少年，围着炉火，抱着膝盖，口中作歌：

凤翱翔于千仞兮，非梧不栖；士伏处于一方兮，非主不依。乐躬耕于陇亩兮，吾爱吾庐；聊寄傲于琴书兮，以待天时。

是他！没错了！

刘备一直等他唱完了，赶紧上草堂施礼：见过孔明先生。

少年赶紧起身答礼："你是刘备刘豫州吧？来见我哥哥的？"

刘备一听："你也不是卧龙先生？"

"啊，"少年说，"我是卧龙的弟弟诸葛均。我家兄弟三人，大哥诸葛瑾在江东孙权那里做事；孔明是我二哥。"

刘备问："卧龙先生不在家吗？"

"他昨天和崔州平出外闲游去了。"

"去哪儿了？"

少年说："也说不清去哪儿，或者驾着小船在江湖上漂荡，或者到山上访僧问道，或者跑到村里寻访朋友，或者跑到哪处洞府弹琴下棋，谁也说不准。"

——这分明就是一幅世外高人图嘛。

不过，如果按照写实的想法来说，那个年代，交通不便，风大雪大，江湖结冰，哪有小船？到山上访僧问道倒是可以，不过大冬天的够冷的。跑到村里寻访朋友还比较现实，跑到洞府弹琴下棋，就比较扯了。乱世之

第三章　茅庐兮三顾

53

中，哪有那么多的世外桃源？

总的说来，诸葛亮的形象在这席话中，是越发仙气缭绕了。

刘备二次寻访不着，心里可失落了——诸葛亮明知道自己来过，还跑出去闲游，明摆着不拿自己这个皇叔当回事嘛。

但是刘备不是曹操，他的谦恭不是装出来的。

曹操的谦恭是装出来的，所以他会杀掉许攸。

想当初官渡之战，曹操缺粮，许攸从袁绍的阵营里跑去投诚，曹操高兴的呀，没法说，光着脚就迎出去了。

也全赖许攸之力，出奇谋妙计，曹操才打败了袁绍。事后，许攸有点得意过头，动不动就说："阿瞒，如果不是我，你怎么能入得了这个城门？"

曹操心里烦透了。

有一次，他在聚会上，当着许多人，又对曹操说："阿瞒，你没有我，不会得到冀州。"

曹操又哈哈大笑："你说的一点不错。"

后来，许攸率随从出邺城东门，又得意地说："他们曹家没有我，不可能出入此门。"

这话传到曹操耳中，曹操终于忍无可忍，下令杀了许攸。

如果他投奔的是刘备，就不会死。

第四节　明明很近，却又很远

诸葛亮不在，诸葛均请刘备坐坐，张飞又不满了，催刘备上马回家。

刘备还想探探诸葛亮的底，问诸葛均："听说你的哥哥卧龙先生对于兵法韬略特别熟悉，天天看兵书哇？"

说到底，他图的是诸葛亮的军事才能，又不是想要找诸葛亮寻仙问道。

诸葛均说："不知道。"

旁边的张飞忍无可忍："问他干什么！这么大的风雪，回去了！"

刘备"咄"地呵斥了他一声，给诸葛亮写了一封书信，声明未见尊面，十分遗憾，来日再来拜访。

正要出门上马，却见小童子冲着篱笆外面招手："老先生来啦。"

小童子已经皮了三回了。第一回说记不住刘备的名字，第二回明明诸葛均在屋里，他也不明告诉刘备；现在又皮，也不说是谁，模糊概念，引人误会。

刘备一看，小桥西面，有一头驴，载着一个人，暖帽遮头，狐裘蔽体，后随一青衣小童，携一葫芦酒，踏雪而来。一边转过小桥，一边吟诗一首：

> 一夜北风寒，万里彤云厚。
>
> 长空雪乱飘，改尽江山旧。
>
> 仰面观太虚，疑是玉龙斗。
>
> 纷纷鳞甲飞，顷刻遍宇宙。
>
> 骑驴过小桥，独叹梅花瘦！

玄德一听，又激动了："这是真的卧龙啊！"滚鞍下马，上前施礼。

那个老头赶紧也滚鞍下驴，还礼不迭。诸葛均也早随了出来，在后面解释："这不是我哥，他是我哥的老丈人。"

原来这是黄承彦。

刘备有点讪讪的："刚才听您吟的诗句，极其高妙，还以为您是卧龙先生呢。"

黄承彦说："我在女婿家观《梁父吟》，记得这一篇。刚才过小桥，偶然看见篱落间梅花，心有所感，就念诵了出来，不想被您听见。我也是来看我的女婿的。"

刘备好生失落，上马回归。风大雪大，回头去看卧龙岗，偃卧风雪之中，明明很近，却又很远。

冬天不是成事天，冰雪隆冬见不着面。好不容易春天来了，刘备吃闭门羹也吃怕了，干脆请人算了个卦，挑了个好日子，斋戒三天，又沐浴熏香，里里外外都收拾干净，这才又往卧龙岗去拜见诸葛亮。

关羽、张飞继续不高兴。

关羽到底持重些，前两次一直没怎么说话，这次他出面了："哥哥，你两次亲自拜访，礼数上已经过分了。诸葛亮肯定是徒有虚名，没有真才实学，所以躲着不敢见你。哥哥你怎么就这么着他的魔道！"

关羽比刘备还大一岁哩，也不知道怎的，这么死心塌地地给刘备当小弟。

刘备说："这话不对。过去齐桓公想见东郭野人，来回跑了五趟才见了一面。如今我要见大贤，不罚我跑够五趟都是我的幸运。"

张飞说："哥哥错了！这么一个村夫，有什么资格称大贤。你等着，我去，他要是不肯来，我一根绳儿捆他来！"

刘备又"咄"地比他一声："你没听过周文王访姜子牙的事儿吗？人家周文王尚且如此敬重贤人，你怎么这么无礼！这次你别去了，我跟云长去！"

他又傲娇了。

张飞继续尿，刘备一咄他他就尿："你俩都去，我也去！"

刘备横他一眼："你去也行，不许失礼。"

"好，好。"

于是一同去。

三个人骑着马到了隆中，离草庐还有半里地，刘备就下马步行起来。正好遇见诸葛亮的弟弟诸葛均，刘备这么大个人，赶紧给这个小年轻施礼："你哥在庄子上吗？"

诸葛均说："昨儿天黑了才回来，将军今天能见他了。"说完飘飘然走了。

张飞目送诸葛均的背影："天杀的，带我们到庄子上就不行？自己先跑了。"

可见对于那些心中没有建功立业、功名利禄的人来说，多大的官都没用，他们不睬你。心无挂碍，无挂碍故，无有恐怖。远离颠倒梦想，究竟涅槃。

涅槃不涅槃的，巧者劳而智者忧，无能者无所求，饱食而遨游，泛若不系之舟。

刘备三个人来敲门，童子开门，一见又是他们。打头这个仍旧毕恭毕敬，童子说："今天先生倒是在家，可是在草堂上睡觉，还没醒。"

刘备不让他通报，让两个兄弟在门口等着，他自己轻轻走进去。

诸葛亮仰面躺在草堂的席子上，刘备就在阶下恭恭敬敬地站立。

好久，好久。

直到关羽和张飞等得不耐烦，进来一看，刘备还乖乖地站着。

这应该是建安十三年的事，刘备已经四十七岁。他乖乖地等着这个比自己小二十岁的毛头小子睡醒。

这可把张飞气坏了，一定要给他放火，把他烧起来，幸亏关羽把他劝住，拉出去了。

这时候再看堂上，诸葛亮翻了个身，面朝里，又睡了。

童子想上来通报，刘备制止，又足足站了一个时辰——两个钟头。

他可真有耐心。诸葛亮也真有耐心。

主公挑谋士，需要耗费心神，谋士挑主公，也需要耗费心神。

在刘备的注视下，诸葛亮又睡足了一个时辰，这才悠悠转醒，吟诗一首：

大梦谁先觉？平生我自知。

草堂春睡足，窗外日迟迟。

完了问一句："有俗客来吗？"

他假装看不见刘备拱立阶下。

童子报："刘皇叔在此，立候多时。"

诸葛亮这个神人，骂童子道："咋不早说，我去换衣裳。"然后摇摇晃

▲ 隆中对

晃到后堂。这一去又是半晌。

这就叫摆谱。

就让他摆一摆吧，因为他此后就要跟着这个人打天下，鞠躬尽瘁，呕心沥血，死而后已啊。

然后，两个人进密室详谈。谁都不给听，关羽和张飞在外面把风。

诸葛亮最大的神奇不是披发仗剑，步罡踏斗，借东风，布八阵图，拜星借寿，而是未出隆中，先定计三分天下。

他先替此时还弱得谁都能捏一把的刘备制定出了行动总纲，此后刘备种种作为，皆是围绕着这个纲领来施行的。当时战火纵横，乱象纷纭，天下不是棋盘格，分不清谁输谁赢，今日你王我寇，明朝你败我胜。就他，生就了一双看透天下的眼睛。

定计的总体方针就是避免硬碰，软中渗透：

第一，不跟曹操争。此人兵多将广，又"挟天子以令诸侯"，惹他好比惹皇帝。

第二，不跟孙权争。孙权的老爹孙坚和老哥孙策已经替他把江东打理得根基稳固，他自己又能干，那边能人又多，占着天时、地利、人和，所以只适合当朋友，不适合做敌人。

第三，想办法夺荆州作根据地。自己的妻姨父刘表没有本事，守不住。不过，最好巧取，不要豪夺，毕竟是姨父，所以，等吧。机会总会来的，它也总是垂青有准备的人。除此以外，还有益州，沃野千里，物产丰富，而且刘璋暗弱，也守不住。

拿下这两个地方之后，你这位"帝室之胄"就可以有一个自己的独立王国了。然后，抓紧时间充实力量，强大自己，再联合孙权，一旦天下有变，"命一上将将荆州之军以向宛、洛，将军身率益州之众出于秦川"，两路大军一路进攻洛阳，一路进攻西安，霸业可成，汉室可兴。

说白了，就是一旦天下打成一锅粥，你就可以分兵两路，扫平天下，自己当皇帝了。

可惜，我们只看到了魏、蜀、吴三国相争，却没看到蜀国一统江山的那一天。诸葛亮得其主而不得其时，最后遗恨五丈原。

时也，运也，命也。

不过，大纲是制定出来了，展现在刘备面前的是一个三分天下的草图，里面的枝枝叶叶有待日后用鲜血和生命把它着色、涂满。

刘备缺的就是有这份高瞻远瞩，能够把复杂的现状抽丝剥茧、条分缕析的能人，所以他高兴地对诸葛亮说："善！"

其时，距离曹操和刘备青梅煮酒已经八年，八年间，曹操势焰熏天，刘备如丧家之犬。八年后的今天，曹操最得力的谋士郭嘉去世，刘备却得了卧龙。

第五节　郭嘉入地，卧龙飞天

说起来，曹操手下的得力谋士郭嘉，也比曹操小了十五岁之多。

而郭嘉的智计，是上上等的。曹操对于郭嘉的倚重，好比刘备后来对诸葛亮的倚重。

当初袁绍势大，曹操害怕，郭嘉给曹操做思想工作：

袁绍有十败，曹公你有十胜：

一、绍繁礼多仪，公体任自然，此道胜也；

二、绍以逆动，公以顺率，此义胜也；

三、桓、灵以来，政失于宽，绍以宽济，公以猛纠，此治胜也；

四、绍外宽内忌，所任多亲戚，公外简内明，用人唯才，此度胜也；

五、绍多谋少决，公得策辄行，此谋胜也；

六、绍专收名誉，公以至诚待人，此德胜也；

七、绍恤近忽远，公虑无不周，此仁胜也；

八、绍听谗惑乱，公浸润不行，此明胜也；

九、绍是非混淆，公法度严明，此文胜也；

十、绍好为虚势，不知兵要，公以少克众，用兵如神，此武胜也。

综上所述，袁绍不足虑。

曹操一听，茅塞顿开，果然砍袁绍如砍瓜切菜。

可见英雄出少年。

郭嘉后来死在了曹操北征乌桓的路上，而诸葛亮在他死后才出山。否则，以这两人的智计，大脑当战场，士兵做棋子，江山为棋盘，不知道会演绎出什么样的精彩情节。

第六节　一去不回

刘备通过了诸葛亮的考察，诸葛亮也为刘备倾心筹划。刘备请诸葛亮出山，诸葛亮不肯，刘备哭了："先生不出山，天下的老百姓可怎么办呢！"一边说着，泪沾袍袖，衣襟尽湿。

他又哭了。

诸葛亮只是虚虚地推让一下而已，难道他不想飞龙在天吗？他又不想求僧访道，归隐名山，天下才是他的棋盘哪。

所以他就收受了刘备的礼物，跟着刘备出山去也。临走前，他嘱咐弟弟诸葛均，让他不要离开，就在这里种田。等他功成之日，也回来接着种田。

他也没想到将来的结局会是星落秋风五丈原。

这条命，因受了刘备的三顾之恩，就归了他刘备了。

——这是《三国演义》里的情节。

那么，三顾茅庐的故事，到底是真的还是假的？

三国人鱼豢写的《魏略》中，情节走向是这样的：

刘备屯兵于樊城。这时，诸葛亮预见曹操就要攻打荆州，而刘表难以抵抗。所以诸葛亮就北行去见刘备。刘备和诸葛亮初次相见，并没有把他当回事，而且他岁数也太小，就拿普通书生来对待了，说不上多冷淡，可也说不上多热络和倚重。

不过，通过交谈，诸葛亮纵论时局，提出对策，刘备这才改变了印象，"以上客礼之"。

同样的情节，也记在西晋司马彪的《九州春秋》里。

《魏略》早已亡佚，它的内容是在南朝宋人裴松之为《三国志》作注时出现的。

《三国志》的记载倒是和《三国演义》相符，就是徐庶先来做引见，刘备再去拜见，一共去了三回才见上，然后诸葛亮给他定天下三分之计。而诸葛亮在《出师表》中则清清楚楚地写道：

> 臣本布衣，躬耕于南阳，苟全性命于乱世，不求闻达于诸侯。先帝不以臣卑鄙，猥自枉屈，三顾臣于草庐之中，咨臣以当世之事，由是感激，遂许先帝以驱驰。后值倾覆，受任于败军之际，奉命于危难之间，尔来二十有一年矣。

有人说，三顾茅庐是一个悬案。哪一方都找不到铁证，以证旁人之必无，与己之必有。

不过，"三顾茅庐"的故事世人宁愿它确实发生过。诸葛亮如同待在闺中的天仙，他未必一定等刘备，但是一定会等到那个值得自己去奉献的人，他才会呕心沥血，一展长才。

所谓货卖识家。

对于刘备来说，他如今其实差不多算是进了绝境。一方面受制于刘表，自己兵微将寡，另一方面，身边又缺乏谋士。在这种情况下，虽然不清楚诸葛亮的斤两，但是万一诸葛亮真的是大贤呢？他是不愿意放过这个机会的。

就算他真的三顾茅庐之后，请来的是一个草包，对他而言，也并没有损失什么，所以，他不介意做一番无用功。

但是，在罗贯中笔下，就写成了荡气回肠的相见恨晚，如同音乐的阳关三叠，叠叠都往高处去，到了高处仍旧余韵不歇，一卷钢丝抛向天际，回环宛转，没入云霄。

从此行人古道马迟迟，秋风原上，目断天垂。

大圣此去何为？
踏碎凌霄。
若一去不回？
便一去不回。

此后的情节展开，对于诸葛亮来说，既是他的机遇，也是他的劫难。他想回来继续耕田都不能了，从此以后，绞尽脑汁，天下三分。

北方有佳人，一顾倾人城，再顾倾人国。宁不知倾城与倾国，佳人不可得。

明明是咏佳人的诗，但是，用在诸葛亮身上，他那惊才绝艳的本事，好像也没错啊。可不是诸葛亮一回头，倾城又倾国嘛，多少城池在他的挥斥方遒里灰飞烟灭。

巧的是，就在同一年，也就是建安十三年，他以后的死对头司马懿，也出仕了。

七年前，司马懿二十二岁，当河内郡的上计掾，结果被曹操看上了——荀彧推荐的，曹操派人通知司马朗和司马懿亲哥俩到他的府中效力。

司马朗答应了，司马懿却拒绝了。他说自个儿得了风痹症，去不了。

然后一气在炕上躺了七年。

曹操也没拿他当回事，就扭头又和袁绍死磕去了。

七年过去了，袁绍死了，曹操胜了，他又想起司马懿来了。

就像刘备似的，越是得不到的越香甜。不过刘备可没有他的霸气——

他有资格霸气，刘备现在寄人篱下，兵微将寡，霸气个啥啊。

所以曹操就继续征辟司马懿，"若复盘桓，则收之（若再不来，就给我抓起来）"。

司马懿一看，装不下去了。那就走吧，于是就臊眉耷眼地来了。

但是，曹操不搭理他，晾着他。曹操手下人才济济，虽然郭嘉死了，但是荀彧、荀攸和贾诩都在啊。司马懿算哪棵葱。

所以，这两个人比起来，诸葛亮是跟了一个弱主，却当了鸡头。

司马懿是跟了一个强主，却被分配去喂马，撑死算是凤凰尾巴上的一只苍蝇。

第七节　小露了一鼻子

刘备待比自己小二十岁的诸葛亮如同老师，吃饭一同吃，睡觉一同睡，天天谈论的都是天下大事。诸葛亮此前拿乔拿够了，现在开始替刘备好好操心。

然后，有人吃醋了。

在诸葛亮加入之前，刘备和关羽、张飞是亲密三人行。他们三个人在一起经历的出生入死，别离后的牵肠挂肚，关羽的千里走单骑，又哪里是旁人所能够理解的？

所以关羽和张飞很不满意，对刘备说："他这么年幼，能有什么才学？哥哥你待他也忒好咧！还没见过他有什么真本事咧！"

刘备说："我得了孔明，就像快旱死的鱼儿得了水，你们不许再多说。"

因为刘备兵源少，当时荆州户籍制度不完善，许多流民爱慕这里安稳，逃亡而来，却没有登记在册。没有户口，当然也就没有田产，好容易开点荒，不定就会被谁夺了去。没办法，这些流民就依附着地方豪强过日子。

在诸葛亮的建议下，刘备清查人头，给没有上户籍的人上户籍，有了户籍就有了田地，有了田地就有了好好过日子和保护家园的心思。而这些上了户籍的人，年岁相当的，就是合适的兵源。

既得民心，又得实惠，这一招高。

刘备占了一个寄人篱下的地位，却有着不想寄人篱下的心胸。

刘表占了一个有资格一争天下的地位，却没有和人一争天下的心胸。

刘表是一个只想守家的地主老财，刘备是刘表家的一个梦想赚百万家财的穷亲戚。

问题是，就算刘表想坐保荆州，他也很难保住。群狼并起，他守着一块肥肉，这是找打的节奏。

曹操看上了它，割据江东的孙权也看上了它。刘备也看上了它。

刘备得到荆州，可以充当跳板，一鼓作气，夺取巴蜀。实力强大后，还能顺江而去，吃掉东吴。

曹操得了荆州，可以困住蜀汉，而且还可以训练水军，攻打孙吴。

刘备和曹操无论哪家得了荆州，孙权都会被利箭顶住脑门。所以，荆州落入自己囊中，他才最安心。

虎视眈眈之下，刘表家的内政也动荡不安。

刘表的长子刘琦和次子刘琮是亲兄弟。他们的母亲去世后，刘表续娶蔡氏女，小舅子蔡瑁也进入荆州政治高层。

蔡氏的内侄女嫁给刘表的小儿子刘琮，蔡氏就成天吹枕边风，吹得刘表想立刘琮为嗣。

长子刘琦就可怜了，蔡瑁也说刘琦坏话，刘表的外甥张允也说刘琦坏话。刘琦成天糟心得不行。

《三国演义》里讲，刘琦向刘备求救，说继母不能相容，性命只在旦夕，请刘备救他一命。

刘备有心无力，这是人家的家事，怎么好插一杠子？

不过，刘备到底还是厚道，使了一计，派诸葛亮回拜刘琦，把这个大智慧篓子送到刘琦面前去。

刘琦请诸葛亮入后堂奉茶，茶罢求救，诸葛亮还是不肯说，起身要走。

刘琦不肯放，拉他进密室喝酒。喝到一半又求救，诸葛亮还是不肯说，又起身要走。

刘琦还是不肯放，说我有一本古书，请先生随我楼上一观。就带着诸葛亮到了一座小楼上，继续哭着求救。诸葛亮起身就要下楼，结果一看，楼梯都给撤了。

刘琦继续哀告："今天我们说话，上不到天，下不到地，出了你口，入了我耳，绝对保密，不会外泄。这样您都不肯救我一命吗？"

诸葛亮没办法了，只问他一句话："公子啊，您没听说过申生、重耳的故事吗？"

春秋战国时代，晋献公的妃子骊姬为了让自己的儿子奚齐继位，设毒计谋害太子申生，申生被逼自杀。

申生的弟弟重耳为了避祸，出走流亡，在外面受尽屈辱，但终于活得一命。十九年后，重耳回国做了君主，他就是春秋五霸之一的晋文公。

申生留在家里，结果被害死。重耳流亡在外，逃得一命。

诸葛亮是启发刘琦，让他外出避祸，而且把道儿都替他想好了：如今黄祖在和江东的战争中新死，江夏无人把守，你带兵去屯守江夏，可免一死。

这就是成语"上屋抽梯"的由来。诸葛亮算是黄鼠狼掀门帘——小露了一鼻子。

第二天刘琦就请求去守江夏，刘表叫来刘备商量，刘备自然向着刘琦说话，顺便还自荐了一把：

"江夏重地，外人不能守，正应该公子亲自守卫。东南边界，兄长你们父子守卫，西北这边的边界，就交给我吧。"

然后刘备赶紧回了新野，因为曹操正在邺城训练水军，所以他要防备着这点。刘琦也带兵去江夏了。

这下子，刘表的跟前，就只留下小儿子刘琮。

第四章

赤壁兮大火烧

第一节　首秀

诸葛亮的首秀是哪一战？据《三国演义》的演绎，是下面这一战，其实正史无载：

一天，有人送了一条牦牛尾巴给刘备，刘备就亲自拿过来编帽子。

孔明进来看见，正了正神色，说："明公啊，你是没有远大志向，只想着干这种事了吗？"

刘备把帽子扔在地上，说："我就是借着这个排遣一下忧虑罢了。"

孔明问："明公你自己想着比曹操怎么样？"

刘备说："我不如他。"

孔明说："明公你的人马不过数千，万一曹兵来了，拿什么来抵抗？"

刘备一摊手："我这不也是为这事发愁嘛。"

孔明说："赶紧招募民兵吧——民兵也是兵。我来负责替你练兵。"

刘备就招了新野的三千民兵，孔明开始不停地教演阵法。

在教演的过程中，士兵的吃吃喝喝，住在哪里，训练场地，武器甲胄，哪一样不需要操心？就算不用一个人一把抓，但是这些部门负责人那里，也需要协调。有那违反了军纪的，怎么处罚？

大方向定了之后，不是说一往无前就可以了，日常的琐琐碎碎没有一样可以省略的。万丈高楼平地起，这一砖一瓦的平地起，最是磨人。

诸葛亮上了磨刀石了。

这时候，探马来报，说夏侯惇带兵十万，杀奔新野。张飞可逮着机会说酸话儿了，对关羽说："让孔明去迎敌算了。"

见着刘备，张飞还是这么说："哥哥怎么不让孔明去？"

刘备不高兴了："动脑子的事儿让孔明干，出力的事儿需要你们哥俩，有啥好推的？"

不过刘备也打算试试孔明的深浅，请他指挥作战。孔明请了刘备的剑和印，然后一一分派：

"博望之左有山，名曰豫山；右有林，名曰安林，可以埋伏军马。云长你带一千兵马去豫山埋伏。敌军到了，你放他过去。只要看南面火起，你就烧他们军队后面的辎重粮草，别客气。

"翼德你也带一千兵马，去安林背后的山谷中埋伏，只看南面火起，就可以往博望城的旧屯粮草的地方放火烧粮。"

这时候赵云在樊城，诸葛亮命人把赵云叫回来，让他当前锋，只许输，不许赢。

让刘备自己带一队军马当后援。

大家依计而行，不要出错。

关羽说话了："我们都有活儿干，军师你干什么？"

孔明："我只坐守县城。"

张飞大笑："我们都去厮杀，军师你好自在。"

诸葛亮也不废话："剑印在此，违令者斩！"

刘备也替他说话："你们难道没听说过运筹帷幄之中，决胜千里之外？二弟不可违令。"

张飞冷笑着走了。关羽也出去了，一边走一边和张飞说："我们且看他的计管不管用。不管用了再来找他说事。"

大家都散了，诸葛亮嘱咐刘备让他今天就带兵在博望山下屯住。来日黄昏，敌军必到，让刘备弃营而走；但见火起，就回军掩杀。

至于他自己，和糜竺、糜芳带五百军士守县城。

这还罢了，他这就开始派人准备庆功筵席，安排功劳簿了。

别说大家了，刘备心里也是疑惑的。

至于诸葛亮，如果他还是人类的话，那他心里未必不跳几跳。毕竟是首秀嘛。

曹操麾下的夏侯惇和于禁带兵来了，先是有赵云对阵，赵云诈败勾引得夏侯惇赶到博望坡。结果一声炮响，刘备带兵冲出来，接着打。

打了一会儿，刘备和赵云一起逃了，天也晚了。曹兵赶到狭窄处，两边都是芦苇。于禁提醒夏侯惇提防火攻，结果话说晚了，火早被关羽在曹军粮草上给放起来了。

风助火势，火借风威，曹军被烧得上天无路，入地无门，自相践踏，死者不计其数。赵云掉头回来追杀，夏侯惇冒烟突火而走。

曹军正逃间，张飞也早带人在博望城中旧屯粮处点起火来，烧得他们一佛出世，二佛升天，尸横遍野，血流成河。

夏侯惇收拾残兵败将，回许昌去了。这边，诸葛亮第一次建功，关羽和张飞彻底服了这个小年轻，看见他坐着小车被士兵簇拥过来，下马拜伏于前。

第二节　二水中分白鹭洲

其实，这只是一道开胃小菜，就像诸葛亮预测的，夏侯惇败逃，曹操一定会亲自带大军前来。不过不怕，兵来将挡，干他没问题。

就在这时，刘表病重将死。刘琦屯兵江夏，回来探望，却被后娘蔡氏一党左拦右阻，生怕刘表一时心软，改立刘琦为嗣。最终刘琦也没有见上刘表一面，哭着回去了。

据《英雄记》和《三国志·魏书》记载，刘表病危时，还想着把荆州让给刘备来着，却被刘备给再三再四地推却了。

他也许是不想乘人之危，也许是不好意思一给就接。

总的说来，这个良机是让他错过了。

诸葛亮也劝他取了荆州算了，他还是不肯，诸葛亮也不勉强，只说容后再议。

不久，刘表病死，蔡瑁等人就拥戴刘表次子刘琮做了荆州牧。

刘琦气死了，要借奔丧的名义讨伐弟弟。

就在这时，曹操提大兵前来，号称五十万之众。大将蒯越和荆州豪族都劝刘琮投降曹操——他们都怕死。至于刘家的人死不死，关他们什么事？

刘琮就这么被人搓弄着降了曹，而且还瞒着刘备。

直到刘备觉得事情不对，派人去问，刘琮这才正式给刘备送上公文，通知他荆州全境降曹。此时，曹操大军已经开到宛城。

刘备疯了，大发脾气。

诸葛亮说还等什么，打吧，我们打败刘琮，夺了荆州，和曹操正面干一大仗。

刘备不肯，到底是故人之子，他下不去手。

怎么办？撤吧。

他一撤，曹操屠城的凶名在外，樊城百姓也跟着他一起逃。这么一来，就拖泥带水了。光部众和跟着走的百姓就有十多万，辎重车也有好几千。

刘备拖着这个大尾巴往前蹭，一天蹭不了十里地。

有人劝刘备别管老百姓了，快跑吧。刘备到底不忍。

回想当年，诸葛亮跟着叔叔从曹操屠刀下的血池地狱中出逃，那份仓皇流离、恐惧无助他永远难忘，如今同样的情景再现，刘备却能够不顾自己的命，带着大家一起逃。如果说此前诸葛亮出山，有为他自己建一份功业的念头，那么从现在开始，就是彻彻底底地信服刘备，愿意为他和他的事业鞠躬尽瘁、死而后已了。

说实话，曹操手下的首席谋士荀彧跟错人了。他原本是觉得曹操能够安天下，安汉室，结果曹操却是一个一心为自己打天下的枭雄，整天把汉献帝压着打。因为他不赞成曹操野心太过，最后还被曹操给逼死了。

如果他跟着刘备，就不会是这么一个结果。

如果他和诸葛亮一起跟着刘备，估计天下就不是三分，而是二分尘土，一分流水了，就没他曹家多少事了。估计刘备和孙权二水中分白鹭洲。

所以，找一个好老板很重要。

曹兵马上就要杀到脚后跟了，怎么办？

诸葛亮说别怕，上次烧了他们一回，他们不过瘾，这次又来。

干将们，准备打架了！

关羽，你带一千士兵，去白河上游埋伏，多带布袋，多装沙土，堵住白河水。等到第二天三更后，听见下游人喊马叫，就把布袋撤了，放水淹过去，你的兵顺水往下游杀来接应。

张飞，你带一千士兵，去博陵渡口埋伏，这里水势最慢。曹军被淹，一定会从这里逃跑，你就趁势杀过来接应。

赵云，你带三千人，分成四队，你自己带一队埋伏在东门外，另外三队各自埋伏在西门、南门、北门。城内人家的屋顶上，多藏硫黄焰硝，曹军入城，一定会在民房里歇息。第二天黄昏后，一定会有大风。你们只看着风来，就让西门、南门、北门的伏兵往城里射火箭。等城里的火着起来了，你们就在三门外大叫大喊，留下东门放曹兵出去，你们在东门外从后边揍他们的脚后跟……

——就像做了一个大口袋，把曹兵从城里赶出城外，从陆地赶到河里，让他们先被烧个七荤八素，再被水淹个人仰马翻。

诸葛亮这番安排：第一，他要知道天象，知道什么时候刮大风；第二，他要知道地势，知道哪个地方水流平缓，败兵必过。

这"上知天文，下知地理"八个字，不是白说的。背后吃了多少辛苦，拜了什么样的名师，耗了多少脑细胞谁也不知道。

这一番安排，果然让曹操的第一梯队大败，曹仁和曹洪好容易逃出命来，回报曹操。

曹操气死了："诸葛亮，你这个村里来的小匹夫，这么害我。"

第三节　独自走下长坂坡

曹军漫山遍野，在新野安下营寨，曹操传令一边搜山，一边填掉白河。

大军分作八路，直取樊城。

刘备急了，问怎么办。诸葛亮说樊城也不能待了，有愿意跟我们走的百姓，就跟着我们走吧，我们去占襄阳——那是刘表的根据地，刘琮在哩。

结果拖泥带水地赶到了襄阳，刘琮根本不敢开门。他舅舅蔡瑁等人派出军队和刘备手下的将士打在一起，刘备不干了："我是为保护百姓啊，不是为的让百姓在争战中被涂炭啊，我不去襄阳了！"

那怎么办？

诸葛亮说要不咱们去江陵吧，那儿是荆州要地，先把那儿拿过来再说。

于是十多万人，数千辎重，又拖泥带水赶往江陵。

按《三国演义》的说法，曹操带兵到了樊城，刘琮已经投降了他，但是，他仍旧把刘琮和后娘蔡氏给杀了。不过，刘琮后来结局，史书并无记载。

蔡瑁等人倒是借着刘琮降曹的势，在曹操那里混上了官做。不赖。

因为江陵那里有大批粮草武器，这些都是宝贝。曹操也眼红，亲自率轻骑五千人，一天一夜急行三百里，跑到江陵，又和刘备干起架来。

这一仗打得特别激烈。

原来赵云负责照顾刘备家眷，如今乱军中失散，他转回头杀到曹军阵里，要把他们救出来。

他一路顶着溃败奔逃的人潮往回杀，遇见刘备的甘夫人，又救了被缚的糜竺，大开杀戒，直送他们到长坂城，遇见来寻找赵云的张飞。

他把糜竺和甘夫人交到张飞手里，又回去接着救人。顺便还抢了夏侯恩替曹操背着的宝剑"青釭"。

他把剑插在背上，提着长枪，再次杀入重围。他是大将，自有护将兵丁，结果这几进几出，已经死完了，只剩下他一个人，往来冲突，到处寻找，在一堵土墙下的枯井旁找到受伤的糜夫人，正抱着阿斗哭泣。

糜夫人把阿斗托付给赵云，求他带着孩子冲出重围，自己投井而死。

赵云将土墙推倒，掩盖枯井。然后，解开勒甲绦，放下掩心镜，将阿斗护在怀中，提枪上马，打定主意，杀出去！

放眼望去，周围都是敌人。

曹洪部将晏明带一队步兵赶来，被赵云一枪刺倒，杀散众军，冲开一条路来。

正打马疾行，前面又被张郃拦路。赵云一句话不说，挺枪便刺，冲出重围；又被前面二将焦触、张南，后面二将马延、张颉团团包围。赵云力战四将，曹军一齐拥至。赵云拔青釭剑乱砍，杀退众军将，直透重围。

曹操登高远望，看见一员大将左冲右突，手起剑落，威猛无比，势不可当，连问是谁。赵云大声说：

"我是常山赵子龙！"

曹操惊叹："虎将，真是虎将！左右，传令下去，捉活的。"

幸亏有他这一令，赵云才没被活活围死。他怀抱阿斗，砍倒大旗两面，夺槊三条，杀死曹营名将五十余员，终于杀出重围，一溜烟去见刘备。

赵云献上阿斗，刘备一把将阿斗摔在地上，说："为了你，险些损我一员大将。"

这就是"刘备摔孩子——收买人心"这个说法的由来。

赵云一下子就哭了：老子杀天杀地才抢出你来！忙从地上抱起阿斗，哭着拜伏于地，被刘备感动得要死："赵云我即使肝脑涂地，也不能报主公深恩！"

呵呵。唉。

这一仗，让他封元拜勋，成了牙门将军。此后一路做到翊军将军、征南将军、永昌亭侯、镇东将军。后来街亭一战，马谡被处死，赵云也被贬为镇军将军。

纵观赵云一生，一世英名未受挫，只不过来得较慢。他的升迁本来在同侪中就是最慢的，从少将到中将用七年，从中将到上将用九年，而且从未独当过一面。好像他最适合的位置，就是站在主公的后面。

他死时享年七十六岁，死后追谥顺平侯——他又是十二个大臣中最后一个被赐谥的人。

世人所想赵云是一个白袍白马跨马提枪的大英雄，可是真实的赵云，大约也不过是一个热闹萧条过一生，拼命也要尽到自己的责任与本分，然后独自走下长坂坡的人。

第四节　铜心包铁胆

刘备败退途中，幸遇刘琦从江夏出兵接应，又恰好赶上关羽水军的会合，于是和刘琦、诸葛亮、张飞、赵云等几十人平安撤退。

他们一起回了刘琦屯驻的江夏，诸葛亮留下关羽带着五千人马屯驻夏口，成掎角之势，方便抵挡曹操，免得都去了江夏，曹操发兵，给一窝端了。

拳头大好说话，到底还是曹操赢了。

曹操占了江陵,所有的部众和辎重都落到他手里。他得了荆州的江北四郡,收编了荆州军七八万人,蒙冲斗舰一千多艘,军用物资不计其数。

发财了,发财了。打江东有船了,也有人了。于是,曹操给孙权下了战书。

其实不算是战书,算是给了孙权一个选择:

我要挥师南下,你是跟我一块儿灭了刘备,咱俩平分荆州地盘,还是我把你和刘备一口吞了?

战书一到,东吴炸了锅。

那些大官和大家族,哪个想的不是自己和家族的命?所以,主降者多,主战者少。两派吵吵吵,孙权也不知道听谁的好。

刘备就成了砧板上的鱼肉,随时等着人家抡刀来剁。

这个时候,鲁肃来给刘表吊丧了。

诸葛亮笑了。

他问刘琦:"当初孙策死的时候,咱们有没有派人去吊丧?"

刘琦:"江东和我家有杀父之仇,怎么会通庆贺吊亡的礼节!"

孔明说:"这就说明鲁肃不是来吊丧的,而是来探听军情的。主公这样,鲁肃来后,如果他问曹操动静,您只说什么也不知道。他如果再三要问,您就让他来问我。"

商量定了,迎进鲁肃。鲁肃果然问起曹操的军队有多少,刘备说自己兵微将寡,一听说曹操要来,就跑了,哪里知道人家的虚实。

鲁肃又问:"听说刘皇叔用诸葛亮的计谋,两场火烧得曹操够呛,怎么能不知道曹军的实情呢?"

刘备说:"哦,那你去问诸葛亮吧,他知道的比我多。"于是就把锅甩给了诸葛亮。

诸葛亮和鲁肃见面。

鲁肃问,你们家皇叔是不是这辈子打算就这样了?在江夏屯着?

孔明说:"我们家使君和苍梧太守吴臣有旧,我们要去投奔他。"

鲁肃说："吴臣不行啊，粮食也少，兵力也不足，自保都不成，怎么能容得下你们？"

诸葛亮说："先容下身来，以后再说以后的事。"就是不说和孙权结盟。

鲁肃忍不了了，干脆自荐："我们家孙将军像只猛虎，占着六郡，兵精粮足，待人又好，江表英雄都投奔他。如今我替你们打算，不如派个信得过的人去我们东吴，说动将军，共图大事。"

孔明还拿起乔来了："我们家刘使君和你们家孙将军自来没有交情，恐怕白费话，没效果。而且也没有靠得住的人可以派出去啊。"

鲁肃上套了："诸葛先生，你的哥哥如今是江东参谋，天天盼着你呢。鄙人不才，愿意和您一起去见孙将军，我们共议大事。"

他们言来语去的时候，刘备一直在旁边充当背景板，如今说话了："这怎么成？孔明是我的老师，我和他一时一刻离不得，他不能去。"

越是这样，鲁肃越是坚决地邀请孔明同去。越是这样，刘备越是不许鲁肃勾搭孔明同去。

孔明左瞧瞧右看看，一脸为难，最后一横心、一咬牙："罢。如今事态危急，主公你就放我去吧。"

刘备这才恋恋不舍，松口答应了。

于是，鲁肃高高兴兴地"拐带"着诸葛亮，一起登船回东吴，见孙权了。

诸葛亮心里正暗笑呢。

——这场去江东的好戏，必须由他亲自去唱，旁人唱戏，会唱坏，唱走样。

说实话，江东人是瞧不起刘备的。一个草鞋王，要兵无兵，要将无将，虚撑起来的花架子，和曹操的名将如云、兵如飞蝗相比，真的是一个在地下，一个在天上。

在这种情况下，面对曹操南伐，东吴就分成了两派，一派主战，一派

主降。

孙权若肯战，刘备能胜；他若是降，刘备必败，诸葛亮也小命不保。他是天平上的砝码，一念决定大势走向。

诸葛亮铜心包着铁胆，胆包着身躯，就那么去了。

第五节　口才不仅是口舌之才

孙权手下人才济济，哪个是吃素的？

张昭说：我听说尊驾自比管仲、乐毅，可是您未跟随刘备之前，他尚且能够兵马纵横，割城据地；您跟了他，他却一路大败。人家管仲和乐毅是您这么干的吗？

诸葛亮说：燕雀不知鸿鹄之志。人得了重病，不能直接下猛药，要用性宽和的药慢慢调理。我主刘豫州没有地盘，寄住在刘表那里，所有人马加起来不满千人，大将只有三个：关羽、张飞、赵云。就这样，我还能够指挥火攻博望坡，水攻白河，夏侯惇和曹仁之辈吓得要死。管仲和乐毅在这种情况下用兵，也不过如此吧。再说，寡不敌众，胜败乃兵家常事，汉高祖刘邦跟项羽打仗，那不也是败了又败？到最后垓下一役方显战功，那是因为任用了韩信。不过韩信即使用兵再神，也不是战无不胜。总的说来，"国家大计，社稷安危，是有主谋。非比夸辩之徒，虚誉欺人：坐议立谈，无人可及；临机应变，百无一能。诚为天下笑耳！"一句话说得张昭无话可答。

虞翻说：现在曹公领百万雄兵，千员猛将，要吃掉你们，你们退到江夏，不是胆小鬼是什么？

孔明说：我们家刘豫州就几千人，怎么跟百万人打？所以退守江夏，以待时机成熟，再行反攻。我们才不像江东的某些人，明明自己的地盘大，兵员多，粮食充足，又有长江做天堑，还怕那个老贼，劝主子屈膝事曹，只为保自己身家性命。你们怕曹操，我们不怕曹操！

虞翻被说得脸通红——他是力主降曹的。

又有一个叫步骘的人说：孔明，你不过就是长了一张利口，就跑来游说我们东吴，效仿苏秦和张仪了！

孔明说：苏秦和张仪怎么了？人家是辩士，更是豪杰。苏秦携六国相印，张仪两次相秦，那都是有真本事的，那种畏强凌弱、惧刀避剑之人，没资格跟人家比。你们听曹操夸大话说有百万雄兵，还没见着真章呢，就吓得请求降曹，怎么敢笑话这两个人？

步骘脸通红。

一个叫薛综的人说：孔明先生，你觉得曹操是个什么样的人？

孔明说：是汉贼。

薛综说不对，汉朝传到现在，天数将终。人家曹公一个人占了三分之二的天下，刘备不识时务，非要拿鸡蛋碰石头，不败才怪呢。

孔明真气坏了，厉声骂他：你怎么敢说这么无父无君的话！人生于天地之间，忠君孝亲是根本。你是汉臣，吃的汉家的饭，穿的汉家的衣，见曹贼那种有不臣之心，想要篡国的人，就该发誓一起灭了他，如今却替他说话。你没资格和我说话，闭嘴！

这家伙满面羞惭，不能对答。

然后，陆绩出马。"陆绩怀橘"的主角就是他。六岁那年，他在九江见到袁术，袁术让人拿橘子给他吃，他不但吃，还往怀里揣。袁术逗他，说你不但吃，还要揣，想干吗？他说这橘子好甜啊，我想带回去给娘吃。

如今他长大成人，在孙权营里效力，说：曹操这个人是不好，挟天子以令诸侯，可是他家世好，是相国曹参之后；哪像刘备，虽然号称是中山靖王之后，可是无据可考，眼下不过就是个卖草鞋的。他哪儿都比不过人家曹操，有什么资格和人家抗衡呢？

孔明说：陆郎啊，你这话不对。曹操是相国之后，那他不是汉臣？他如今这么干，既是不忠，又是不孝；既是汉室乱臣，也是曹族贼子。我们刘豫州可不是无出处啊，就连当今圣上也查家谱给他赐爵位呢。而且，卖草鞋怎么了，咱们汉高祖当初也不过就是一个小小的亭长罢了。你说的是小孩子的见识，不配和我对话。

陆绩被堵得出不来气。

在刘备与曹操之间比对哪个最优的话题，已经被孔明说得没有人敢再提，又有一个叫严峻的人换个角度挑衅：孔明先生，您平素读的是何经典？

孔明说：腐儒读书才寻章摘句，你看古代那些有名的人，比如伊尹、子牙、张良、陈平、邓禹、耿弇，他们都有匡扶社稷的大才，你能说出他们平常读什么书吗？我们是干大事的人，怎么能够效仿那些穷酸书生，在区区笔砚之间数黑论黄，舞文弄墨？

严峻垂头丧气。

一个叫程德枢的人大叫：你就爱说大话，没有真才实学，徒有虚名，正是被读书人笑话的那种人。

孔明说：读书人也分君子之儒和小人之儒。君子之儒，读书致用，忠君爱国，守正恶邪，胸怀大志，要泽被当时，名留后世。小人之儒下笔虽有千言，胸中实无一策，只会卖弄辞章，一点节操不讲，谁给的官大谁就是娘。这种人，就算他像扬雄那样下笔万言，又有什么用！

好一场刀光剑影。

第六节　给孙权算一笔账

诸葛亮把这么多人说趴下都不算本事，最大的本事就是能把孙权说得转了筋。

黄盖和鲁肃都是主战派，带着孔明去找孙权，路上恰好见着孔明自家的亲哥诸葛瑾。

　　两兄弟自从徐州战乱逃难一别，如今才得见面。

　　孔明给哥哥施礼，诸葛瑾问："贤弟你到了江东，怎么不先来见我？"

　　诸葛亮说："我既然给主公刘备服务，自然要先公后私。公事没有办完，还顾不着兄弟私情。哥哥原谅我。"

　　哥哥点头："贤弟你见过吴侯，再过来我们兄弟俩说说话吧。"

　　说完就走了。

　　就这么冷淡、克制。

　　两个人都是先国后家的典范，奈何却分属不同阵营。亲情大不过形势，没办法的事。

　　到了堂上，孙权礼待赐座，两边文武排排站。

　　诸葛亮这还是第一次见孙权，绿眼睛紫胡子，长得蛮帅，一看就不是吃软话的主儿。这一面就让诸葛亮确立了谈话方针。

　　稍事客套，进入正题，孙权问："曹兵共有多少？"

　　孔明："马步水军，约有一百余万。"

　　孙权："不会是吹的吧？"

　　孔明："不是。"然后给他算细账：曹操的青州军二十万；平了袁绍，又得了五六十万；中原新招的兵士三四十万；如今又得荆州的军队二三十万。这么算下来，足有一百五十万。我这还减少了五十万没敢说，怕吓着你们江东的人。

　　鲁肃一听，这话味儿不对，赶紧给诸葛亮使眼色。诸葛亮只当看不见。

　　孙权又问："曹操部下战将，还有多少？"

　　孔明："足智多谋之士，能征惯战之将，何止一两千人。"

　　孙权："如今曹操平了荆楚，还有没有更远大的打算？"

　　孔明："如今他们沿江下寨，准备战船，不是想图谋你的江东又想取哪儿？"

孙权："那我是战，还是不战？听听你的意见。"

孔明一拍大腿："我说一句，孙将军您可别嫌不好听。您还是量力而行，如果以您吴越的地盘能够和中原的地盘对抗，那就早点跟曹操翻脸；如果不能，干吗不听你家众位谋士的高论，投降奉曹操为主公呢？"

孙权嘴巴一张，耳边听孔明又说："将军啊，你在外有一个想要投降曹操的名，内里想打他又不敢打他，犹犹豫豫，眼下人家都要打到你家大门口啦，还不早做决断，等着大祸临头吗？"

孙权："真要像你说的话，你们家刘备为什么不投降曹操？"

孔明把脸一仰，哈哈一笑："过去的田横，不过是齐国一个小小的壮士，还能坚守道义，不受侮辱。更何况我们家刘豫州，堂堂的王室贵胄，英才盖世，世人仰慕。虽然现在看起来落魄，被撵得像落水狗，但这是老天爷不作美，不是我们心志不坚。我们怎么能屈尊居于曹操之下！"

孙权一听，哦，你们家刘备不降，让我降，那意思我是尿包呗。脸色一变，袍袖一甩，退入后堂，不搭理他了。文臣武将一个个撇着嘴也散了。

鲁肃埋怨诸葛亮说话不经大脑，要不是我家主公宽宏大量，早砍了你了。

孔明一笑："怎么这么不能容人哪。我自有破曹的良策，他不问我，我怎么说！但凡我一说，管教他百万甲士灰飞烟灭！"

鲁肃一听，赶紧去请孙权出来，摆酒招待，向诸葛亮求策。

求策的结果，孔明给他开解疑难：

第一，我们刘豫州虽然新败，但是关云长手下还有精兵万人。刘琦手下的江夏战士也不下万人。曹操虽然人多，但是远道而来，疲惫不堪。如今更是因为追击我们，轻骑一天一夜行三百里，早累得够呛，强弩之末势不能穿透鲁缟。

第二，北方人不习水战。而习水性的荆州士民虽然看起来是依附了曹操，但是他们都不是心甘情愿的，只不过害怕曹操而已。

如今，如果将军你能和我们刘豫州勠力同心，一定能大破曹军。曹操败了，还能赖在这里不走吗？一定会回他的北方去。

这样一来，我们荆州和你们东吴的力量都增强了，就会形成鼎足之势，曹操别想再吞了江东，也别想再吞了我们。

所以，成败之机，在于今日，过了这村，没有这店。将军你可要想好。

孙权一听，正中下怀——人都拣自己爱听的来听，如果他想投降的话，听这话也能找出一百条反驳的理由，哪怕不用别的，就是曹操的百万之众是疲弊之师，光靠口水也能淹死我们。但是他想战，所以诸葛亮这话他就听得进。

于是下决心要商议起兵，共灭曹操！

这个时候，周瑜也被孙权召回，周瑜也是坚定的主战派。他向孙权要五万兵马，但是时间太仓促，孙权先给他征调了三万人，一切军需都准备齐全。

周瑜跟鲁肃、程普先行出发，孙权继续集结部队，坐镇后方，做好他们的后盾。

孙刘两家要共击曹操了。

第七节　没办法我就是这么强大

诸葛亮舌战群儒是《三国演义》里的一出精彩大戏，那么，在历史上，这场戏是否真实存在？

事实上，这很可能是虚构出来的故事。不过他和孙权之间的言来语去，他给孙权使激将法，这个是真的；分析双方兵力的时候，丝丝入扣，入情入理，这个也是真的。

　　结果当然也是真的：孙权被他鼓动得高兴得不行，一扫疑虑颓萎之势，非常积极地开始备战。

　　那么，恐怕罗贯中在虚构诸葛亮舌战群儒这场戏的时候，也是基于人物的性格特征和具体的故事情境来引申和发挥的。孙权朝堂之上，又不是一言堂，本来就是主战和主和两派吵成一团，诸葛亮来了，主和派有个不刁难他的？

　　诸葛亮这性格，人家刁难他，他能不反击？

　　他这张嘴，反击的时候，能吃亏？

　　所以说，虽然这些人说过什么话不清楚，但是舌战群儒以此彰显诸葛亮的超群才气是无疑的。

　　诸葛亮，猛。

　　曹操威胁了东吴一番，没用，人家要打。

　　刘备这么个弱鸡崽也要打。

　　曹操特别有信心，觉得分分钟可以教你们两家做人。

　　于是，孙刘联军逆水而上，行至赤壁。

　　曹操率水陆两军自江陵出发，沿江东下，也抵达赤壁。

　　两阵对圆，隔着长江，白天白水如练，晚上圆月照大江。

　　但是，愿望很美好，现实很打脸。

　　曹操的数十万军马，离家远征，几个月的时间辗转几十个县，行程数千里，食不知冷暖，寝没有衾枕，精神紧张，抵抗力下降；再加上南方气候湿热，滋生病菌，偏偏又为了演习水战，天天在水里泡着，结果发生大规模疫情。

　　而且新编的水军和新归附的水军也没来得及好好磨合，攒不成一只揍哭敌人的铁拳，自己却成了一盘散沙。

　　曹操并不知道他的军队是一盘散沙，他觉得是铁拳，所以特别嚣张，派使者给周瑜送信，信封上写着："汉大丞相付周都督开拆。"

　　周瑜大怒，看也不看，几下把信扯了，扔地上，喝令斩了使者。鲁肃劝他："两国相争，不斩来使。"

周瑜："斩使以示威！"

使者倒霉被斩，周瑜点派兵将，次日开船出征。

曹操知道周瑜毁书斩使，大怒，命原来刘表手下的蔡瑁、张允等一班荆州降将为前部，自己当后军，也催督战船，到三江口，要干仗。

结果就是水鸭子打旱鸭子，一打一个准，杀得曹操大败。

曹操很懊恼，想着干脆派人劝降周瑜算了，不打了。

他帐下的蒋干说："我和周瑜是老同学，我要用我的三寸不烂之舌，说动周郎来降，您就等好消息吧！"

结果大家都知道了，周瑜根本不买这个老同学的账，只和他喝大酒，不和他论军情，而且请别人当监酒官：谁议论双方军情，斩！

然后又拉着他看自家的粮草和士兵，看，我的粮草多足！看，我的士兵多厉害！蒋干不敢说话。

到了晚上，蒋干偷了周瑜案上摆的一封书信溜回去交差，信上写的是蔡瑁和张允勾结东吴，要取曹操头以献。曹操大怒，先砍了这两个人，结果刚砍完就回过味儿来：中了人家反间计！

但是人也死了，他还得在众将面前给自己找找面子，说这两个人不遵军法，所以我把他们砍了。

打仗输了一城，玩计策又输了一城。

然后周瑜就开始活动心眼儿，想坑诸葛亮，命令他督造十万支箭，如果不成，军法从事。诸葛亮特别配合，一口答应。

周瑜再紧逼一步：十天完成，行不行？

诸葛亮：用不了，三天足够。

周瑜：军中无戏言。

诸葛亮：愿立军令状。

诸葛亮前脚刚走，周瑜后脚就乐呵呵把军令状收了，准备三天后砍人："吩咐下去，军匠人等，都不许配合诸葛亮，凡是他要的材料，别给

▲ 草船借箭

他备齐全了。"

诸葛亮呢，配合周瑜演出的他视而不见，也不去领材料，也不去领工匠，而是悄悄跟鲁肃借了二十条快船，船上各有三十名军士，还有一些捆扎的草把和布幔之类的东西。

第一天，没动静。

第二天，没动静。

第三天，白天还是没动静。

到四更天，他动了。请上鲁肃，说走，跟我取箭去。带上二十条船，一直往曹兵屯驻的北岸进发。大雾漫天，对面不见人影。五更时分，离曹操水寨很近很近了。诸葛亮让把船只一字横排，在船上擂鼓呐喊。一时之间，鼓声咚咚，喊声震天，把鲁肃吓坏了：

这是要把曹兵引过来，把咱们剁了包饺子的节奏吗？

诸葛亮说怕什么，咱们喝酒，雾散了回家。

原来他料定了曹操怕在大雾中中埋伏，不敢出门，果然，曹操就是这么想的，只让弓箭手射箭。

这下子好看了，一万多弓弩手，拈弓搭箭，嗖嗖嗖，把船上的草把给插得像刺猬似的。这边满了，诸葛亮让转个身，继续给他们射！继续嗖嗖嗖，另一边又给插满了。

诸葛亮教了军士一句话，命令他们："大声叫！"

于是，船上军士喊着号子大叫："谢丞相的箭！"

曹操接报，急令人追，那边的小船早跑远了。

这一下子，每条船收箭五六千支，二十条船，能收十多万支箭，不劳而获，不费而惠，一点都没折本儿。

这还不是最神的，雾才是神助攻。

诸葛亮说：我早在三天前就算定啦，今儿必起大雾，要不然怎么敢定三天的期限。我知道你们家周郎想害我，问题是他害不了我，哈哈哈，没办法，我就是这么强大……

第八节　春色三分，二分尘土，一分流水

需要实话实说的是，草船借箭这事儿有，但是，不是诸葛亮干的。

《三国志·吴主传》裴松之引注《吴历》，讲孙权在濡须之战中，屡屡向曹操挑战，曹操坚守不出。孙权就亲自乘了一艘轻船，到了曹操水寨前——估计他是好奇，想看看曹操长啥样，以前没见过；也想看看曹操的军队什么样儿。

曹操倒也奇，他不但不命令他的军队万箭齐发，而且还下令不许随便乱放箭。就这样，孙权在曹操面前走了五六里路，才返回。走的时候还向曹军击鼓奏乐。

曹操看在眼里，一声叹息："生子当如孙仲谋。"

这是一种说法。另一种说法存于《魏略》，说的是孙权来的时候，没有乘小快船，而是坐的华丽的大船。曹操不但没有阻止放箭，而且下令万箭齐发。这一发就都发到了孙权的船上。一边船上插满箭，船就往这边倾斜下沉。孙权干脆下令掉头，麻烦你们给我船这边也插满箭得了。于是这边也插满了，"箭匀船平"，孙权回家。

赚了人家一船的箭。

结果这事儿被罗贯中变了一下魔术，成了赤壁之战中诸葛亮"草船借箭"的故事。

得亏有了小说家这么一改编，要不然赤壁之战时，诸葛亮不过二十多岁，比美周郎还小五六岁，英雄轮番登场，哪里轮得到这么一个小年轻在读者面前刷脸？

然后，东吴那边，周瑜和黄盖演了一出戏，周瑜把黄盖打了一顿，黄盖愤而投降曹操。曹操高高兴兴地纳降，谁想却是假的，一把火烧得他大军四散，抱头鼠窜。

本来也不会烧得这么厉害的，但是有人给曹操出主意，叫他把舰船首尾连起，这样人马在船上可以如履平地。《三国演义》里讲，是庞统给曹操出的馊主意，但正史中并没有这样的记载。

无论怎样，曹操是真的把战船给连成一片。这下子旱鸭子也不怕了，那么多战船甲板连成一片，想咋走咋走，想咋跑咋跑，我还能大跳，大跳!

这下好了，烧一个，连一串；烧一串，连一片。

这出戏从头到尾，诸葛亮都在旁观。周瑜那么用力地揍黄盖，别人都拦都劝，他也不拦也不劝，就在旁边看。

鲁肃埋怨他，他说，你别埋怨我啊，人家一个愿打，一个愿挨，关我什么事嘛。

这话让周瑜知道了，他更忌惮诸葛亮了。

但是，要用火攻，需要东风，偏偏这时候是冬天，老天爷刮的是北风啊。一把火烧不着曹操，就烧到自家阵营了。所以一片旗角卷过来，扫过周瑜的脸，他一下子猛省，大叫一声，人事不知。

及至醒来，是在床上。

病了，心病。

这时候，诸葛亮出马。

他来到周瑜床前探病，说，都督啊，我知道你的病根儿，我写几个字，你看看和你想的是不是一回事。

于是他写了十六个字："欲破曹公，宜用火攻；万事俱备，只欠东风。"

这下子，周瑜更惊了：神人，这是一个神人。

及至诸葛亮说出他能施法借来东风，周瑜起了满满的杀心：等东风借来，诸葛亮断不能留，杀掉杀掉。

▲ 曹操败走华容道

于是暗中做好准备，等诸葛亮借来东风，派兵将杀之而后快。

结果诸葛亮装神弄鬼的，真把东南风给借来了，周瑜派的兵马去杀他，他早跑了。

后面的情节大家都知道了，曹操吃了大亏，一路奔逃。

这时跑到乌林之西，宜都之北，树木丛杂，山川险峻。曹操忽然在马上哈哈大笑，笑话周瑜无谋、诸葛亮少智。说如果是他用兵，一定预先在这里埋伏下一支军队。

结果话音刚落，一队人马杀将出来，原来诸葛亮早派赵云等候多时。

于是继续跑。

等跑到葫芦口地面，曹军人困马乏，曹操坐在树下，又哈哈大笑，还是笑话周瑜无谋、诸葛亮少智，说如果是他用兵，就在这里也埋伏一队兵马，以逸待劳。

结果话音刚落，猛张飞杀了出来。

唉，继续跑。

等跑到华容道，道路狭窄，泥泞难行，人马死者甚众，到现在留在曹操身边的，只有三百来人。结果他又笑了。众将吓死了："您老人家为什么又笑？"

曹操又笑话周瑜无谋、诸葛亮少智，如果他用兵，就在这里埋伏一哨人马，咱们都得被抓！

话音刚落，关云长出来了！

赵云、张飞、关羽，都是诸葛亮派出来埋伏抓他的！

没办法，他只好打感情牌，低声下气向关羽求饶，求放过："将军，你过了我的五关，斩了我的六将，我放了你一条生路哇。"

关羽想起昔日曹操待自己不赖，出来混，如今也该还一还，长叹一口气，放他们过去了。

曹操这才逃得一命，回到北方。这一仗，打掉了他的光荣与梦想，从此再想一统天下，是不可能了。只能是春色三分，二分尘土，一分流水。

第四章　赤壁兮大火烧

第九节　是他是他就是他

以上是《三国演义》中的情节。

那么，辨疑的时刻到了。

这场仗，幸亏东南风帮了大忙。东南风真的是诸葛亮请来的吗？

未必，不过是他学通了天文地理，预测到了这天会刮东南风而已。

南怀瑾讲述诸葛亮借东风，是这么个意思：

十月在阴历来讲是立冬，又叫作小阳春。所以每年十月北方，在冷的时候一定有个几天，大概三天，当中会转暖的，虽然不像春天般暖和。……冬天是吹西北风的，但是十月小阳春可以在这三天当中转为东南风，东南风一吹就转暖和。

诸葛亮借东风就是在这个时候借的，你核对历史就晓得周瑜被诸葛亮骗了，他骗周瑜会借东风，他不过把《易经》十二辟卦学通了……

还有，华容道一事，关羽私放曹操是真的吗？

事实上，曹操从赤壁败退，走的确实是华容道，但并没有关羽。

曹操就算败了，孙权和刘备也没那么大的力量真的杀了他。他们所求，也不过就是想让曹操不能渡过长江而已。

到底双方兵力摆在这儿，蚁多咬死象，其实孙刘两家并没有足够的兵力去追堵和设伏。

所以，曹操一路逃跑，孙刘联军在后边追着屁股揍是真的，但是并没有伏兵。

所以也不存在诸葛亮调兵遣将、未卜先知，预先设伏的事儿。

曹操逃命的时候只笑了一回，就是眼看他的大军要全部通过华容道的时候，他心神放松下来，才哈哈大笑，说："刘备和我的才智不相上下，但他的计谋总要比我晚一步；如果他派快马早点到华容道放火，我们就要全军覆没。"

结果他话音未落，刘备的追兵已经在后边顺风点火了。

不过也晚了，曹操大军已经过了华容道，路遇曹仁带一队军马前来接应，把他接入江陵。

也就是说，在这场巨大的战役中，诸葛亮调兵遣将也许是真的，但是兵力捉襟见肘，他又凭空变不出来。

他的借东风是靠的预测天时，而不是装神弄鬼。

这么一层层剥下来，诸葛亮身上好像也没那么多光环哦？

可是不要忘了，赤壁之战的时候，诸葛亮才二十七岁。曹操已经五十多岁，别人也都四五十岁，美周郎也三十多岁了。他一个毛头小伙子，能不被这些精兵强将压塌了气场，已经是他的本事了！

君不见司马懿，他可是和诸葛亮同一年入仕的，在赤壁之战中，可有他说话的地位？

诸葛亮意气风发，指点江山，预言天下三分的时候，他还给曹操喂马呢。诸葛亮谈笑风生，智激孙权，借东风，在赤壁之战排兵布阵，司马懿缩着手脚，一句话都没有。

而且，实事求是地说，如果不是诸葛亮在事态紧急的时候，主动请求出使东吴，说动孙权联合抗曹，刘备早被曹操吃了，孙权也被曹操吃了，哪里有他们以后称帝，从曹操这个一代枭雄的大碗里分一杯羹，天下三分的事情？

单凭这一件，就是惊破天、喝破地的大功。

多年以后，刘备死了，诸葛亮继续给他的儿子效力，南征北战。出征之前，写《出师表》，说自己"受任于败军之际，奉命于危难之间"，真是一个字就有一千斤。

也正因为人们爱他，所以罗贯中才会那么写他，人们才宁可相信他本事可以通神。而且也愿意把自己代入他的角色，觉得自己好像也可以是那个羽扇纶巾、谈笑间樯橹灰飞烟灭的人。

虽然苏轼那个"羽扇纶巾、谈笑间樯橹灰飞烟灭"，好像原本也指的不是他，而是周瑜周公瑾。

民间文学自有他的邪魅狂狷的霸道之处，大家就是待见诸葛亮，一切都是他是他就是他，你有什么办法？

第五章

诸葛亮和周瑜不得不说的事

第一节　一气周瑜

赤壁之战，曹操大败，留下曹仁、徐晃留守南郡，郡治江陵，文聘守江夏，自己回北方坐镇。

南郡是古代中国的一个郡，始置于秦朝，治所在江陵县，就是如今的湖北荆州。东汉末年和三国时期治所在公安。

其实就是当初刘表的地盘。当初诸葛亮劝刘备收了荆州，刘备不好意思；现在刘表死了，他想把荆州过到自己口袋里，但是人家东吴又不肯了。

不肯也要试试。于是刘备移到油江屯驻。

周瑜一听来报，这是要取南郡的意思啊！这还了得！

于是周瑜去见刘备，两个人讲起来：南郡还有曹仁把守，这样，咱们和曹仁打，谁打跑了他，南郡归谁。

周瑜这个实心眼儿的，真就去和曹仁打架了，这就是历史上有名的"南郡之战"。

在罗贯中的演绎之下，周瑜好一番打生打死，自己还受了伤，才打跑了曹仁。结果跑到南郡城下一看，气死了：

城楼上旌旗布满，敌楼上赵云大叫："都督少罪！吾奉军师将令，已取城了。"

周瑜大怒，便命攻城，被城上乱箭射退。

周瑜回来分派人马：甘宁引数千军马，径取荆州；凌统引数千军马，径取襄阳；然后再取南郡未迟。

正分拨间，又有探马急报："诸葛亮自得了南郡，遂用兵符，星夜诈调荆州守城军马来救，却教张飞偷袭了荆州。"

又一探马飞报:"夏侯惇在襄阳,被诸葛亮差人赍兵符,诈称曹仁求救,诱惇引兵出,却教云长袭取了襄阳。二处城池,全不费力,都归了刘玄德。"

周瑜大叫一声,金疮迸裂。

这是诸葛亮一气周瑜。

历史事实却是,周瑜和刘备联合,攻打南郡,历时一年,曹仁败退,南郡为东吴所有。

当然,刘备也出力不小,周瑜领东吴兵马和曹仁鏖战,关羽则率军断绝北道,阻截了各路支援南郡的曹操援军。刘备也在这期间攻占了江南四郡。

这样一来,除了襄阳、樊城等尚在曹操手中以外,荆州的大部分领土都归了刘备。

至于东吴占的南郡,在鲁肃的建议下,孙权把它借给了刘备,刘备就把治所设在公安。

为什么孙权这么大方?

因为刘备的四郡都在长江以南,北部是南郡,不和曹操地盘接壤,很安全。

东吴就不一样了,占着南郡,就得和曹操正面对峙。

要正面对峙,就要多投放兵力;多投放兵力,就要多准备粮草辎重,还有许多相关问题。与其这样,还不如把南郡和江陵借给刘备。这样一来,刘备就是个缓冲垫,曹操来了,先交锋刘备的正面。

所以孙权才把几百里的军事战线尽交付刘备,让他和曹操脸对脸儿,减轻自家的军备压力。

好像没诸葛亮什么事哦?

接着说一气周瑜的事:

诸葛亮袭了南郡和荆襄,周瑜气死了,一定要要回来。鲁肃说:"我跟刘备关系不错,我去跟他说说,让他把荆州还给咱们。实在不给咱们再打他。"

鲁肃一到荆州，看见此地旌旗整列，号令严明，军容整肃，暗叹诸葛亮不是一般人。

鲁肃说了来意，说曹操率兵百万，名义上是下江南，实际上是冲着你们家刘皇叔来的；也幸亏我东吴杀退曹兵，救了你们。所以这荆州九郡，都应该归东吴所有。结果你们皇叔用诡计夺占荆襄，让我们江东花钱费力填人命不落好，这个理不对。

诸葛亮说：这话儿怎么说的。这荆襄九郡可不是东吴的地盘啊，这是刘表刘景升的基业。我主刘备是刘景升的弟弟，景升虽然死了，可他儿子还在啊。做叔叔的辅佐侄子，所以才取了荆州，难道这也不行吗？

鲁肃说，公子刘琦可是没在荆州啊，他在江夏呢！

孔明说，请公子出来。

于是侍从把病中的刘琦扶出来，鲁肃没话说了。过一会儿，憋出一句："那刘公子如果不在了，你们咋办？"

诸葛亮说："公子在一天，我们守一天。公子不在了，我们再商量嘛。"

鲁肃又说："公子不在了，你们得把城池还给我们东吴。"

孔明说："好好好，你长得帅，怎么说都对。来来来，喝酒。"

鲁肃回去告知周瑜，看样子刘琦命不长了，等他死了，我们就去取荆州。于是周瑜班师回柴桑养病。

第二节　耍赖的孔明

趁这时机，刘备又派兵攻占了零陵、桂阳、武陵、长沙，并且收了两员降将黄忠、魏延。

谁知道诸葛亮一见魏延就要杀他，说：

"食其禄而杀其主，是不忠也；居其土而献其地，是不义也。吾观魏延脑后有反骨，久后必反，故先斩之，以绝祸根。"（《三国演义》）

是诸葛亮会相面吗？

其实仍旧是小说家言。历史上魏延颇受重用，打下汉中后，让他做了汉中太守。诸葛亮主政时期，给魏延加官晋爵。《三国志·魏延传》载，诸葛亮提拔魏延为前军师、征西大将军，还封为南郑侯，地位非常之高。

魏延情商超低的，如果没有诸葛亮的宽广胸怀，换一个心胸狭窄的领导，他早死了。

果如鲁肃所料，时间不长，刘琦病亡。诸葛亮赶紧让刘备派关羽去刘琦的襄阳镇守，然后又给刘备打预防针：东吴肯定要来讨荆州，到时候你便如此如此，这样这样。

果然，事情又落到鲁肃身上。这回鲁肃想，刘琦死了，咱们说话算话，你们该把荆州还我们东吴了吧。

结果诸葛亮直接耍起赖来了：

"自从我家高皇帝（指的是汉高祖刘邦）斩蛇起义，开基立业，一直传位到了如今。不幸的是奸雄四起，各占地盘。但是无论怎样，都应该顺应天道，把我们刘姓的正统维持下去对不？我主刘备乃是中山靖王之后，孝景皇帝玄孙，如今皇上的叔叔，怎么就不能占一块地盘称王了？

"更何况刘表刘景升是我家主公的哥哥，做弟弟的，继承哥哥的事业，这有什么不当的地方？

"你家主公不过是钱塘一个小吏的儿子，平常对朝廷也没有什么功德，如今仗着拳头硬，占了六郡八十一州，就这还贪心不足，想要吞并我汉家国土。

"刘氏天下，我家主公姓刘倒没有份儿，你家主公姓孙反而要强争？天下有这样的道理吗？

"况且赤壁之战，我主公那么辛勤苦劳，麾下众将都拼命向前，难道这胜仗都是你东吴打的？如果不是我借来东南风，你们周郎能建立功勋吗？

"江南若被曹操攻破，别说孙策的媳妇大乔、周瑜的媳妇小乔都被曹操抢跑，安置在他的铜雀宫，就是你的一家老小能保住？

"刚才我主公之所以没有多说什么，是觉得子敬你是个高明人，不用多说也明白这其中的关窍。没想到你这么不懂风情！"

一席话把鲁肃说哑火了。

"可是，你们也要替我想想啊，我这个中间人很难做的。当初是我带你见我主公，说动我主公一同抗曹，要不然你们家主子早被曹操灭了。

"后来周瑜要发兵来取荆州，又是我给你们挡住了。

"你们说刘琦一死，就还荆州，又是我做了担保，如今却让我坐蜡，我回去怎么说？

"就算不为我的面子想，惹恼了东吴，发起大兵，你们皇叔就能安安生生坐镇荆州了？老天爷会笑话你们的！"

孔明旗枪不倒："曹操百万之师，打着皇帝的旗号我都不怕，怎么会怕周郎这一个毛孩子（这小说家真敢说，诸葛亮比周瑜还小好几岁呢！）。算了，也别让你为难了，这样吧，我劝我主公立一纸文书，暂且借荆州安身，等打下别的城池，就把荆州还给东吴，你看怎样？"

鲁肃被他坑怕了："那你说夺了什么地方才还？"

诸葛亮："中原不成，地盘太大了。西川的刘璋暗弱，我主要打他。我们打下西川，就还荆州。"

于是刘备写下一纸文书，签字，画押，诸葛亮作保，鲁肃也被诸葛亮勾着签字作保。其实诸葛亮也怕惹急了，东吴发兵。

不过硬话还是要说说的："子敬啊，你回去见了吴侯，要多说好话，别想些有的没的。如果不同意我的合同，我翻了脸，把你们的八十一州都给夺过来。如今还是我们两家和和气气的好，别让曹操那个老贼笑话。"

鲁肃觉得自己这次还是有功劳的，就先去柴桑见周瑜，周瑜一听气得跳脚：

"子敬，你上了诸葛亮的当了！他哪里是借，他就是耍赖。他说取了西川就还，你知道他什么时候取西川？是明天还是十年？十年不取，难道十年不还？这样的文书可没用，你还给他作保。他如果不还，主公能饶得了你这个保人？他坑你呢！"

鲁肃呆了半晌。没办法，心眼实的人就是吃亏："怎么办？"

周瑜说你别急，咱们这么好的交情，我来救你。刘备的甘夫人没了，这样，我们来安排一场美人计。主公的妹妹孙公主特别刚勇，侍婢数百，出入带刀。她的房间里都摆满兵器。如今我们派人去给刘备说媒，让他来江东入赘。等他到了，公主嫁他是不可能的，把他抓起来，关进监狱，再派人去讨还荆州，换他们的主公。等他交割了城池，我们再说下一步的动作。这样你就没事了。

第三节　这下子弄假成真了

刘备听到使者前来说招亲的事，摆明了这是一罐子有毒的蜜。白得一个老婆，孙权变成大舅子，这样自己的力量看起来是增加了，不失一桩美事。可是这个亲那么好招的吗？弄不好，就有去无回。

诸葛亮说不怕，你去吧，带上赵云。然后又对赵云说，我给你三个锦囊妙计，到时候依计而行就可以。我保你们无事。

建安十四年（209 年）十月，刘备由赵云和孙乾陪着，带着五百名士兵去吴国招亲——别误会，这五百名士兵不是去打架的，还不够人家塞牙缝的，有别的用处。

他们刚到吴境的第一个城市南徐，赵云就按孔明吩咐，打开第一个锦囊。看完，命令随行的五百名士兵，一个个都喜气洋洋，装扮起来，披上红，挂上绿，到市面上买东西：牛羊酒礼，花红彩缎，凡是结婚用的物件，一应俱全。

但凡有人问，这些士兵就喜气洋洋地说："哎呀，你是不知道，我们主公刘备，要娶你们吴主的妹妹啦，以后咱们两家就是一家人啦，哈哈哈。"

市面上的人都惊了：哦？真有这回事？哎呀，谁谁谁你知道不，咱们主公的妹妹要嫁给荆州的刘备啦……

一传十，十传百。八卦是每个朝代百姓的共同爱好，大家欣然听闻，热心传播，一个个消息长出小翅膀，汇成八卦的鸟群，飞快地掠向吴境所属每一片地面，包括王城。

然后，赵云还带着特别丰厚的礼品，去拜访了一个人：大乔和小乔的父亲乔国老。

"折戟沉沙铁未销，自将磨洗认前朝。东风不与周郎便，铜雀春深锁二乔"，咏的就是赤壁之战。说如果东风不肯给周瑜提供方便的话，恐怕曹操就把东吴灭了，把孙权的嫂子大乔和周瑜的媳妇小乔都掳走关进曹操的铜雀台了。

大乔和小乔，都是乔国老的女儿，基因太优秀了。乔国老是吴国开国之主和大都督的老丈人，地位当然也很高。

刘备带着厚礼一登门，乔国老挺高兴；招亲这么大的事儿他居然不知道，又很恼火。

然后，他就从南徐城跑到了吴国的都城，去见孙权的母亲吴国太，名为道喜，其实是挑礼儿去了。

结果吴国太也不知道！

这就尴尬了。

吴国太叫孙权过来一问，原来是周瑜提议这么干的，目的是把刘备骗过来，要回荆州。

你要回你的荆州就自己打嘛，你这么招亲以后让你妹还怎么嫁人？这不是坑你妹嘛！

吴国太大哭大闹，又骂周瑜没出息，又骂孙权乱听别人的主意。

孙权无可奈何。

面对发飙的老太太，大家都害怕，不过乔国老仗着自己的地位比较高，而且目前大约也只有他能说上话，便硬着头皮出主意："我有一个想法，不知道当说不当说。"

"什么想法？"孙权赶紧问，不是他想知道，而是他不想再听妈妈唠唠叨叨地骂街了……

"将计就计，顺水推舟，招亲刘备，以成佳偶。"

孙权赶紧反对："岁数不合适，刘备太大了。"

此前刘备做的功课如今见了效果，乔国老大包大揽："不大不大，刘备是大汉皇叔，当世英雄，岁数大点儿怕啥。"

吴国太抹抹眼泪："那让他明儿来甘露寺，我见见。我要是中意了，就把女儿嫁他。如果看不上眼，要杀要剐随你们。"

结果第二天在甘露寺一见，吴国太一下就相中了，马上表态：这个女婿，我要了！

本来孙权已经埋伏好刀斧手的，一旦吴国太摇头，立马冲出去就剁。结果没派上用场。

其实刘备那年才四十八岁，若是按我们现在的年纪，正是风华正茂。而且显然相貌蛮气派，不然也不会被吴国太相中。

再加上乔国老在旁边猛敲边鼓，大夸刘备，吴国太就给他们正正经经地商量起婚事来了。

在结婚之前这阵子，刘备可是踩在刀尖上，随便哪儿冒出来一个刺客，就能要了他的命。刘备请求早日完婚，怕自己哪天怎么死的都不知道。吴国太大怒，老鸟护雏，命刘备到宫中去住，赵云带五百士兵也陪住，这下子，看你们谁敢害我女婿。

于是在吴国太主持下，刘备和孙尚香成了亲。这下子弄假成真了。

第四节 二气周瑜

周瑜一看，此计不成，又生一计，让孙权天天带着刘备锦衣玉食，听听歌，看看舞，温柔乡里得不得意？这么得意，看你还想得起回你的荆州不。

刘备这家伙其实从小就特别喜欢享乐，爱轻裘肥马，不喜欢读书，也不是舞刀弄剑的糙汉子，只不过平时没那条件。后来就算起了事，也是成天被追得到处跑，要不然就是寄人篱下，哪里有什么好的享受？如今有了，果然想不起回荆州了。

赵云急了，拆开第二个锦囊，一看之后，马上跑到刘备跟前谎报军情："不好了！曹操提精兵五十万，杀奔荆州去了！"

刘备急了，马上就想走。可是回头看看新媳妇，他又坐下了。左右为难。

孙夫人说你别急啊，嫁鸡随鸡，嫁狗随狗，你走哪儿我都跟着。不过咱们得悄悄地走，要不然怕我哥哥拦着。

于是过年的时候，刘备以到江边祭奠父母的名义，带着媳妇跑了。

孙权第二天知道刘备跑了，赶紧去追。周瑜也早早派人在必经之路堵着。前无去路，后有追兵，情势万分危急。

这算是最危急的时刻了吧？诸葛亮吩咐赵云，非常危急的时候拆开第三个锦囊。赵云把锦囊打开，然后附耳对刘备说"如此如此"。

刘备于是跑到孙夫人跟前哭去了："你哥哥要杀我，周瑜拿你安排金钩钓。俺稀罕你啊，如果你不能帮我脱险，那我自杀算了，死在你跟前吧。"

老婆哪有不护着老公的，孙夫人把追兵和伏兵统统大骂一顿，让他们滚开！

旁边赵云跃马挺枪，直待厮杀。

东吴兵将诺诺而退：拦下了未必落得了好，而且能不能拦得下也够呛，赵云什么人？千万军阵中，七进七出！

所以，刘备死里逃生。

结果跑到长江边上，后面又是一片追杀声：孙权有令，宁杀妹妹，也不可放了刘备！这下子，东吴兵疯狂了。

刘备正慌，却见芦苇丛里摇出二十多条船，当先一条船，船头站着诸葛亮。他是来接主公的。

刘备大喜，跳上船去，吩咐快开。正在这时，上游冲下来周瑜率领的无数战船，他竟然亲率水军，要截杀刘备。

明摆着水里打不过，诸葛亮让刘备弃船上岸，乘马快逃。

周瑜没办法，也弃船上岸。水军哪有那么多马匹啊，周瑜只能带着一部分兵力追赶。追到半路，被关羽挡在面前。

关羽以逸待劳，大杀四方，周瑜败退，吴兵死伤甚众。

周瑜回到船上，正大喘粗气，岸上却有刘备麾下士兵齐声打着拍子叫唤：

"周郎妙计安天下，赔了夫人又折兵！"又是诸葛亮的主意。

周瑜大叫一声，哇地一口鲜血喷出来，昏死于地。

这就是二气周瑜和"赔了夫人又折兵"这句成语的由来。

故事很精彩，可惜，仍旧半真半假。

刘备招亲是真的。

孙权是真想把妹妹嫁给刘备，搞和亲这一套的。而且，孙权的妹妹孙尚香也不是一个善茬，素好舞刀弄剑，洞房这天，屋里满满的武器锃光瓦亮，出入的丫鬟身上都带着刀剑，刘备心惊胆战，生怕一不小心，自己就被捅了。

▲ 赔了夫人又折兵

所以，娶了孙尚香（历史上孙夫人没有名字，这个孙尚香的名字不知道何时叫起来的），其实算是孙权在刘备的卧房里安插了一枚寒光闪闪的钉子，孙权并没有吃亏，吃亏的估计是刘备。

所以后来诸葛亮会说：

主公在公安时，北畏曹公之强盛，东惮孙权之进逼，近则惧孙夫人生变于肘腋之下；当此之时，进退狼跋……

这天，曹操喝了点酒，晕晕乎乎的，文人病发作，想作一首诗。正要下笔，东吴来人，要表奏刘备为荆州牧——刘备现在是孙权的妹夫了，汉上九郡，一大半都归了刘备了。

曹操一听，手脚慌乱，笔掉地上。他当初和刘备煮酒论英雄的时候，就知道刘备不是池中物，如今看来，这条龙要上天了。

手下谋士献计，让他表奏周瑜为南郡太守，好让周瑜和刘备两人打架，我们坐收渔人之利。

曹操依计而行。

其实他依不依计，周瑜都不想放过刘备。荆州是周瑜心里的一根刺，他一定要把荆州要回来。

所以周瑜又上书孙权，让鲁肃去要荆州。鲁肃没办法，又奔荆州来了。

于是，三气周瑜的故事紧接着上演。

第五节　三气周瑜

诸葛亮一听鲁肃来了，就知道怎么回事，告诉刘备，他若说别的便罢，只要一提荆州，你就哭。

刘备一听，哭？这个我拿手啊。

于是迎接鲁肃进来，鲁肃说现在孙、刘结亲啦，看到亲情面上，你该还荆州了吧？

刘备放声大哭。

鲁肃惊了。看着眼泪从刘备眼里源源不断流下来，如同开闸的河水似的，这眼泪也太方便了点。

诸葛亮从屏风后边转出来，说我家主公啊，老难过了。当初咱们说好的是取了西川，还你荆州。可是主公一想啊，西川之主，益州刘璋是主公的弟弟呀，大家都是汉朝骨肉啊。如果发兵去打，外人唾骂；如果不打，还了荆州，我们去哪儿啊？如果不还，在你们主公这个大舅子跟前，又怎么交代呀？这真是，打也不对，不打也不对；还也不行，不还也不行。左思右想，痛断肝肠啊。

伴随着三声叹息，刘备更是放声大哭，哭得鲁肃脑仁儿都疼，没办法，算了，我回去劝劝我们家主公，让他再容你们一些时日吧。急急忙忙地坐船走了。

鲁肃到了周瑜这里，就说刘备哭得哇哇的，忒可怜了。周瑜一听，一跺脚：

"子敬啊子敬，你又中了诸葛亮的计了！当初刘备依靠刘表的时候，时刻都想吞了刘表，更何况刘璋是他八竿子打不着的亲戚！像他们这么推三推四，咱主公一翻脸，你就危险了。算了，你别去见咱们吴侯了，你还是去趟荆州吧，告诉刘备，就说我说了，我东吴起兵去取西川，拿来换荆州。"

鲁肃一听，西川那么远，地势又险，哪那么容易。都督，这个做法不妥当。

周瑜一笑："子敬你真是厚道人。难道我真的去千辛万苦打下来一个西川给他？我是打着这个旗号，让他们放松警惕。我发兵西川，路经荆州，问他要钱粮，刘备看在我为他打西川的面子上，一定会出城劳军，到时候我杀他个措手不及，夺了荆州，替你消了祸事，也报了我的仇！"

鲁肃于是又跑荆州来了——来来回回，他腿都跑细了。诸葛亮专欺负老实人。

诸葛亮一听他又来了，马上就知道他从周瑜那儿又得了什么妙计了。等鲁肃把周瑜的计划一说，刘备拿眼看诸葛亮，诸葛亮微微点头，刘备马上拱手称谢。

鲁肃走后，刘备问："他这什么意思？"孔明大笑："周瑜快死了！"

他把周瑜的假途伐虢的计策说给刘备听，然后做好安排，要三气周瑜：等周瑜到来，他便不死，也十有八九无气了。

他这边大笑，周瑜听了鲁肃回话，也大笑："这回也让他中我一计！"

周瑜此时箭疮已经渐渐好了，就起兵五万，直往荆州而来。周瑜坐在船舱里，心情轻松，老是笑。

结果到了公安，一条船也没有，一个人也没有，说好的出城远接哩？

大批战船加速开到离荆州十多里的江面上，结果还是静悄悄的，一个人也没有，一条船也没有。

哨探的回报："荆州城上，插两面白旗，并不见一个人影。"

周瑜命战船靠岸，他亲自上岸乘马，带一班军官，引亲随精军三千人，一直往荆州城而来。到了城下，也不见一丝动静。

奇怪。

周瑜令军士叫门，城上问是谁人。吴军答："东吴周都督在此。"

一言未了，一声梆子响，城上士兵一齐现身，都竖起枪刀，霎时刀兵林立。赵云从敌楼出现：

"孔明军师已经知道都督你这是假途伐虢之计，所以留我在这里。我家主公说，他和西川刘璋是汉室兄弟，怎么能忍心真的去取。如果都督真要取了西川，我家主公也不要，他要披发入山隐居去呀。"

周瑜心知不妙，掉转马头就要往回跑，结果四路军马一齐杀到：关羽从江陵杀来，张飞从秭归杀来，黄忠从公安杀来，魏延从屡陵小路杀来，

杀声震天，喊声动地，口口声声，要捉周瑜。

周瑜在马上大叫一声，箭疮迸裂，坠于马下。

左右急救周瑜回到船上，军士都说刘备和诸葛亮在前山顶上饮酒取乐。周瑜大怒，咬牙切齿："你道我取不得西川，我就取给你看！"

正切齿痛恨，提兵行到巴丘，上游又有诸葛亮派出的刘封、关平二人领军截住水路。周瑜更气得要死。

这时，诸葛亮派人送了一封信，劝周瑜不要去取西川：

第一，益州民强地险，刘璋虽暗弱，足以自守。

第二，如今你劳师远征，转运万里，想获全功，哪怕就是名将吴起在世，恐怕也难，武神孙武重生，也够他呛。

第三，曹操在赤壁大战中失败，时时刻刻不忘报仇。今天你提兵走了，曹操如果乘虚而入，你家吴侯的江南可就守不住了。咱们交情好，所以我提醒你一声，听我的，回去吧。

看罢信，周瑜长叹一声，昏绝于地，及至苏醒，仰天长叹："既生瑜，何生亮！"连叫数声而亡。寿三十六岁。

第六节　从此天下，更无知音

民间都说，诸葛亮把周瑜活活气死了。大约这个说法就是从《三国演义》流传下来的。

其实人家周瑜真没有这么矬。

念奴娇·赤壁怀古

苏轼

大江东去，浪淘尽，千古风流人物。故垒西边，人道是，三国周郎赤壁。乱石穿空，惊涛拍岸，卷起千堆雪。江山如画，一时多少豪杰。

遥想公瑾当年，小乔初嫁了，雄姿英发。羽扇纶巾，谈笑间，樯橹灰飞烟灭。故国神游，多情应笑我，早生华发。人生如梦，一樽还酹江月。

苏轼的这首词，把周瑜写活了。周大帅哥摇着羽扇，戴着儒生常戴的青丝头巾，谈笑间指挥若定，曹操的无数战船就这么被烧得灰飞烟灭。赤壁火光熊熊，火烤奸雄，把曹操烧得好像一个秃毛鹌鹑。

周瑜是一个出色的军事家、战略家、指挥家。其时刘璋正任益州牧，北面有张鲁为寇相侵，周瑜于是到京口拜见孙权说：

"现在曹操刚受挫折，正担心自己内部发生变乱，未能与您对阵作战。请允许我同奋威将军孙瑜一起进军攻取蜀地，得蜀后再吞并张鲁，然后留奋威在那里固守，以便与马超结援呼应，我再回来与您一起占据襄阳进击曹操，这样攻取北方就有希望了。"

孙权同意此论。

周瑜回到江陵，准备行装，然而路过巴丘时即发病去世，年仅三十六岁。

大业未定，英雄先行，光暗日月，花落无声。

活在历史中的周瑜和活在演义中的周瑜，是不一样的。

活在历史中的诸葛亮，也没有活在演义中的诸葛亮那么神奇。

但是这有什么关系，人们爱看的就是斗智斗勇的对手戏。世界太平静的时候，往往会酝酿大的战争，因为人们过不得过分安宁的日子，所以罗贯中才会说"天下大势，分久必合，合久必分"。也可以说天下大势，治久必乱，乱久必治。

如今，在演义故事里，诸葛亮把周瑜气死了。

这还不算，他竟然还跑到江东去给人家吊孝去了。

刘备不愿意让他去，万一让东吴的人给干掉怎么办？孔明说周瑜活着我尚且不怕，还怕一个死周郎？

不过他还是加了小心，带上赵云一起去。

到了柴桑郡，周瑜的部将果然都要杀诸葛亮，但是有赵云按剑跟随，谁也不敢下手。

诸葛亮在灵前摆设了祭物，亲自奠酒，跪在地下，诵读祭文：

呜呼公瑾，不幸夭亡！修短故天，人岂不伤？我心实痛，酹酒一觞；君其有灵，享我烝尝！吊君幼学，以交伯符；仗义疏财，让舍以民。吊君弱冠，万里鹏抟；定建霸业，割据江南。吊君壮力，远镇巴丘；景升怀虑，讨逆无忧。吊君丰度，佳配小乔；汉臣之婿，不愧当朝，吊君气概，谏阻纳质；始不垂翅，终能奋翼。吊君鄱阳，蒋干来说；挥洒自如，雅量高志。吊君弘才，文武筹略；火攻破敌，挽强为弱。想君当年，雄姿英发；哭君早逝，俯地流血。忠义之心，英灵之气；命终三纪，名垂百世，哀君情切，愁肠千结；惟我肝胆，悲无断绝。昊天昏暗，三军怆然；主为哀泣，友为泪涟。亮也不才，丐计求谋；助吴拒曹，辅汉安刘；掎角之援，首尾相俦，若存若亡，何虑何忧？呜呼公瑾！生死永别！朴守其贞，冥冥灭灭，魂如有灵，以鉴我心：从此天下，更无知音！呜呼痛哉！伏惟尚飨。

孔明祭毕，伏地大哭，泪如泉涌，哀恸不已。

旁边人面面相觑：都说他和周公瑾不对付，可是如今看，好像不是那么回事啊。鲁肃也红了眼圈，想着到底还是我们周都督气量小了些，自己把自己气死了，你看人家诸葛亮对他多有情义。

初读《三国演义》，也觉得诸葛亮特别让人不理解，而且祭文里竟赫然有"从此天下，更无知音"之句，这就十分矫情和可恶了。

后来看连续剧《三国演义》，唐国强饰演的诸葛亮在灵前拜祭，念着祭文涕泗横流，也觉得十分不理解，忒虚伪。

后来，岁数大了些，再读三国，竟然真的读出些别的况味来。

试想诸葛亮虽然经纶满腹，机智过人，但是一无背景二无后台，全仗一个卖草鞋的皇叔青眼有加。历史上所有"忧谗畏讥""宠不足恃"垫底的不对等关系，到最后难得有非常圆满的结局。他的仕途其实难关重重，如同针尖上舞蹈，战战兢兢。

周都督是何等人物，白衣胜雪，年少有为，竟然绝对投入地和一个初出茅庐的寒士较真怄气，且哀叹"既生瑜，何生亮"，这对诸葛亮是一个多么大的衬托。

同时，英雄遇到敌手，可以酣畅淋漓地斗法，可以电光石火地碰撞，在针尖对麦芒的斗争中体会棋逢对手、将遇良才的快感，又是何等令人迷醉。

他的死去，使诸葛亮对外少了一个映衬自身价值的天平，对内少了一个堪作真正对手的将军。世间寂寞，一是少知音，一是少敌人，卧龙先生既失了敌人，又失了知音，他的祭文和眼泪，其实浸透了自己真真实实的痛惜。

事实上，在诸葛亮三气周瑜的这个历史时段内，两个人没有交集。

周瑜的活动轨迹在南郡、柴桑一带，而诸葛亮一直在桂阳、零陵、长沙三郡当后勤部长。

但是，托了《三国演义》的福，我们欣赏到了精彩的智计相斗，满足了我们心中的斗心眼儿的欲望。

第七节　龙引凤，庞统归

《三国演义》里，诸葛亮还干了一件顺手牵羊的事。

就在他吊罢周瑜，要回去的时候，在江边遇见一人，揪住他大笑："你气死周郎，又来吊孝，明欺东吴无人哪！"

孔明急忙去看，原来是凤雏庞统。

孔明大笑，二人携手登舟，各诉心事。孔明给庞统留了一封信，嘱咐他如果在孙权手下待得不如意，就拿着这封信来荆州投奔刘备。

庞统，字士元，荆州襄阳人，小时候笨笨的，不出奇。

这天，二十岁的庞统去拜见司马徽，司马徽正在桑树上采桑叶，庞统特别不屑："大丈夫应该建功立业，哪能去做娘儿们做的事？"

司马徽说，走小路快，但容易迷失方向，并不是当官发大财才算大丈夫。

就这样，你有来言，我有去语，司马徽在树上，庞统在树下，两个人说话一直说到天黑。越说，司马徽越觉得庞统不简单，放话说南州士子，没有一个能比得上庞统的。

因为司马徽先生这句话，庞统渐渐名气就大了。

无独有偶，襄阳庞德公也觉得庞统是个人物，称他为"凤雏"，和诸葛亮的"卧龙"，司马德操的"水镜"并列。

徐庶曾对刘备说，卧龙凤雏，得一而可安天下。刘备已经得了卧龙，如今，卧龙又要把凤雏也引荐过去了。

周瑜死后，庞统在江东混得也不得意。说实话，他长得也忒丑了点儿，据说庞统长着粗黑的眼眉，大鼻孔朝天，黑脸蛋儿短胡楂，怎么看怎么怪。再加上说话轻狂，所以确实不招人待见。无论在哪个时代，颜值即正义哩。

所以鲁肃也就把他荐去了刘备那里。

庞统就直接找刘备去了。

刘备倒是给面子，早就听说过庞统的名气，让人把他请进来，谁知道他见了刘备，好歹人家现在也是荆州之主是不是？他就那么大咧咧地作了一个揖，并不下拜。

刘备看庞统的眼神就不大对了，心想：这么丑的一人，拿这么大的架子。

问他这么远来见自己，有什么事，庞统很自信，鲁肃和诸葛亮的信他都不往外拿，直接说："听说你这招贤纳士，所以我来投奔你了。"

刘备一听，人长得丑，动作也粗鲁，说话也不客气。算了，大老远来了，也不能空手把你打发回去。"这样吧，我这边也没有什么闲职了，东北角上，离这里一百三十里地，有一个耒阳县，缺一个县令，麻烦你去当县令吧。以后有了更好的实缺，再重用你。"

普通人想当县令也不容易，庞统自认名士，这个县令有点低，但是诸葛亮出差未归，没办法，先上任再说吧。

庞统到了耒阳县，也不处理政事，天天喝酒。县令该管的钱粮词讼这些个事，统统不理。有人报给刘备，刘备怒了："死读书人，乱我法度！"派张飞带上人，去荆州南边各个县巡视，有不好好干工作的，给我好好追究一下子。

张飞等人到了耒阳县，当兵的，老百姓，各个官员小吏，都出来迎接，就是看不见县太爷。问县令何在，同僚趁机给他告黑状：

"庞县令自到任及今，将百余日，县中之事，并不理问，每日饮酒，自旦及夜，只在醉乡。今日宿酒未醒，犹卧不起。"

张飞大怒，要把他抓起来，被人劝住了，让他先看看情况再说。

张飞到了县衙的大堂上，坐好，让人把庞统叫过来，庞统衣冠不整，出来的时候还醉着哩。

张飞说，你就这么天天喝酒，荒废政事！

庞统说："这么一个百里小县，这么一点子小小的公事，有什么难断的！你坐会儿，看我发落。"

接着就把公人门吏都叫过来，把这一百多天积压下来的公务全都抱过来，把来告状的人都叫到大堂上，庞统手不停笔，批判公文，口不停地说，发落案情，旁人听起来，曲直分明，没一点儿差池。

老百姓没一个喊冤嚷不公的，都叩首拜伏。

不到半天时间，庞统把这一百多天的公事全都处断完毕，把笔往地上一扔，对张飞说："你看我荒废了什么政事！曹操和孙权在我看起来，也不过就像我掌中纹路一样清晰可见，这么一个小小的县治，有什么值得大惊小怪的！"

说实话，这是演义出来的事，如果真的是事实，庞统也是一个玩忽职

守的罪。事有轻重缓急，轻事缓事可以等，重事急事等不得。万一有人杀人了，有人被杀了，你不急着抓贼去，放杀人的疑凶跑了，这还能显示你的处断官司的能力游刃有余？

不过张飞是真的惊了，一改轻慢的态度，自称"小子"，下席道歉："先生大才，小子失敬。"并且许诺要在刘备哥哥那里极力举荐。

这时候庞统才把鲁肃的推荐信拿出来。张飞奇怪，怎么不一开始就拿出来哩？庞统说："如果一开始就拿出来，显得我没有真本事，全凭着别人推荐来要官了。"

第八节　大肚皮

刘备听了张飞的反馈，又看了鲁肃的推荐信，信上说庞统庞士元不是百里之才，让他当的官大了，比如治中、别驾之类的，他才能够一展才能。如果因为他长得丑就不重用，他肯定会跑到别处给别人当官，那就可惜了！

刘备正看着信吃惊呢，诸葛亮回来了，也问起庞统的事，诸葛亮说的话和鲁肃一样："士元非百里之才，胸中之学，胜亮十倍。"

并且说自己也给了他一封推荐信，问刘备见了没有，刘备一头雾水："没呀。"

诸葛亮笑了："有大本事的人，你让他干小事，他往往给你喝酒糊涂着来，不好好干。"

刘备马上让张飞去恭恭敬敬请来庞统，然后亲自下阶道歉赔不是，庞统这才拿出诸葛亮的推荐信，信中写着凤雏一旦到了，请马上重用。

刘备高兴了："昔司马德操言：'伏龙、凤雏，两人得一，可安天下。'今吾二人皆得，汉室可兴矣。"

就拜了庞统为副军师中郎将，与孔明共赞方略，教练军士，听候征伐。

此时的诸葛亮，是军师中郎将，和庞统是正副手的关系，就像刘备的两只翅膀，有了他们，刘备可以飞得更高、更快。

战争年代，打仗不光靠武力，还要靠脑子。军师，就是战争大脑的作用。诸葛亮这个军师中郎将，其实就是刘备的地位崇高的谋士，专门用来干动脑子的工作。就像后世《水浒传》里的吴用一样，差不多算是总参谋长。

不过，就算诸葛亮做了刘备的总参谋长，他也只是一个小字辈，年轻人，半路加入的新鲜血液。

于情于理，于公于私，刘备都不可能完全地、彻底地、毫无保留地把自己的关注度向他倾斜——不照顾别人，还不照顾这些忠心耿耿的老部下、老兄弟们的感情吗？

就算是诸葛亮自己，他也不愿意把自己摆在这样一个类似于火炉一样的地位上，反正他原本有大志向、大抱负，也不看重官职这种虚的东西。所以，他只是一心埋头做自己的事，在零陵、桂阳、长沙三郡奔走，征收赋税，供应军需。

同时，他还特别注重为刘备招揽人才。

诸葛亮并不会因为担心庞统抢了自己的风头而硬摁着不让他在刘备这里出头，而是推荐庞统，最终令庞统和自己并驾齐驱。

还有刘巴。这是个非常有个性的人，出身于官宦世家，年轻时就有名气，刘表还活着的时候，多次征辟他，还推举他为茂才，他都不应不就。

刘表死后，曹操进军新野，刘备往江陵逃跑的时候，荆楚一带很多名士都跟着他跑，刘巴不。他跑去拜见曹操，然后当了曹操的属官，奉命去招降荆州南部的长沙、零陵、桂阳三郡。

结果他给曹操干活正干得开心，曹操却在赤壁之战中被烧回了北方。至于长沙、零陵、桂阳三郡，再加上武陵一郡，都归了刘备。刘巴本来就

看不上刘备，干脆逃到交州，还想辗转投奔曹操去。

当时诸葛亮在他老家临烝，刘巴就写信给诸葛亮：

"我刘巴乘危历险，本想应天顺民，让荆州诸郡归顺曹公，让天下重归一统。可众人太看重道义，要么考虑私利，这不是我的智谋所能规劝的。实在没办法的话，我就浪迹天涯，乘舟游于大海，再也不管荆州的事情了。"

诸葛亮写了封急信劝刘巴：

"我们刘公雄才盖世，已据有荆州大部土地，众人莫不归心，天意人事，孰去孰就，已经十分清楚了，你还想到何处去呢？"

刘巴说："这你不用管。我受曹公使命而来，不成功便回去，这是理所当然的，你别管了。"于是刘巴就去交趾郡了。

到了交趾后，刘巴把姓都改了，改姓"张"——他是有多不待见这个"刘"姓，也不响应刘表的征辟，也不接受刘备的招揽。

但是在交趾，他又和最高地方官闹不对付，于是又到了益州，到刘璋手下任职去了——转来转去，还是脱不开一个"刘"字。

后来，刘璋想请刘备来益州，以讨伐张鲁，刘巴反对，怕刘备来了会鸠占鹊巢，成了祸害，但是刘璋还是请来了刘备。刘备来了后，刘巴又反对刘璋派刘备去打张鲁，怕的是放虎入山林，再不好控制。结果刘璋还是不听。

刘巴没办法，请病假回了家。刘备也终于如他所料，兵发刘璋，夺了益州。

要说刘备这人也确实了不起，肚量大，下令谁也不许伤害刘巴。刘巴这人太清高了，有一次张飞到刘巴处住宿，刘巴根本不搭理他。张飞气得要死。诸葛亮劝刘巴："张飞虽是武人，但他非常仰慕你。你虽然天性清高，但也放低一点身段比较好。"

刘巴说："大丈夫处世，当交四海英雄，怎么能叫我去和一介武夫交谈呢？"

刘备听了也气得要死。但是，就算这样，他仍旧说谁要伤了刘巴，我灭他三族。

另一方面，也是因为诸葛亮屡次在刘备面前提念这个人的缘故。所以，诸葛亮已经替他刷信誉度刷到满值了。

后来，刘巴也许是认清了形势比人强，也许是认识到了刘备的诚心，所以还是归了刘备，当了刘备的左将军西曹掾，后来屡次建功，屡次升迁。

这一切，皆由于诸葛亮的不遗余力，推荐贤才。他和他的主公一样，都长了一个能容人的大肚皮。

第九节　知人性

知人性

诸葛亮

夫知人之性，莫难察焉。美恶既殊，情貌不一；有温良而为诈者，有外恭而内欺者，有外勇而内怯者，有尽力而不忠者。然知人之道有七焉：一曰，问之以是非而观其志；二曰，穷之以辞辩而观其变；三曰，咨之以计谋而观其识；四曰，告之以祸福而观其勇；五曰，醉之以酒以观其性；六曰，临之以利以观其廉；七曰，期之以事以观其信。

意思是世界上没有比真正地了解一个人的本性还要困难的事情。每个人的善恶程度不同，本性与外表也是不统一的。

有的人外貌温良却行为奸诈，有的人情态恭谦却心怀欺骗，有的人看上去很勇敢而实际上却很怯懦，有的人似乎已竭尽全力但实际上却另有图谋。

然而，了解一个人的本性还是有七条办法的：

一是询问他对某事是非曲直的看法，以考察他的志向、立场；

二是用激烈的言辞故意激怒他，以考察他的气度、应变的能力；

三是就某个计划向他咨询，征求他的意见，以考察他的学识；

四是告诉他大祸临头，以考察他的胆识、勇气；

五是利用喝酒的机会，使他大醉，以观察他的本性、修养；

六是用利益对他进行引诱，以考察他是否清廉；

七是把某件事情交付给他去办，以考察他是否有信用，值得信任。

不得不说，诸葛亮深谙识人之道。人事即世事，世间事之所以纷纭复杂，就是人心纷纭复杂，人的行为纷纭复杂。

在这种种的纷纭复杂中，想要识清、辨明一个人可不可靠、可不可用，不是易事。

比如说，有一种人，像墙头草一样，这些人往往善于察言观色、趋炎附势，表面上甜言蜜语，伪装得惟妙惟肖。但是，一旦有事，马上就会露出他的真面目来。这个时候，可以拿出一件事来，问他什么看法，这件事对他并无什么影响，于这发问的人也没有什么利害相关，他就可以在冷静和理性的情况下，做出自己的判断，而你可以据此判断此人和你是不是志同道合。

有时候，还需要通过故意挑衅，激怒一个人，来考察这个人的心胸气度。有的人受不得刺激，一激就爆，一爆就跳。有的人就行若无事，跟你慢条斯理地讲道理。哪一种更可靠，不用多说了吧？诸葛亮就是后一种人物，人家气来我不气，气出病来无人替，与其让你惹我气，不如你气我不气。

还有，一件事要怎么处理，往往会有好几个预案，可以向这个人征询哪一种更合适。这是检验一个人的经验与水平的试金石。有经验的人，走一看二想三；有水平的人，走一步能看到五十步甚至一百步。什么都没有的人，他会蒙圈。

还有一句古话，叫作泰山崩于前而色不变，麋鹿兴于左而目不瞬。都是说的突临变故与祸难的时候，岿然不动。这叫胆识。所以，不看一个人平时是怎么把胸脯擂得山响，保证说得贼溜，豪言壮语一大堆，只看他在祸难当头的时候什么表现才靠谱。

还有一个法子，就是让一个人喝醉。喝醉了，放松了，露出来的才是原形。有的人喝醉了安安静静，呼呼大睡；有的人喝醉了指点江山，豪情万丈；有的人喝醉了借酒撒疯，胡言乱语。第一种让人放心，第二种让人敬佩，第三种让人厌恶。而且，酒后牙关松了，如果有秘密，也就愿意吐露了。

最狠的法子，是把一堆黄金放在一个人跟前，最能考验人性。都讲的是君子爱财，取之有道，面对利益，看人吃不吃，吃相好看还是难看，最能看出一个人的人性来。

当然，最有效的用人方法，是交托给这个人一件事，让他去办，看他讲不讲信用。信用是太重要的东西。一个失信的人如言之无文，行之不远；一个失信的社会也如言之无文，行之不远。

诸葛亮话是那么说，其实看人也不是一天两天的事。用人也不是一天两天的工夫，要不然也没有他日后用错马谡，失了街亭，一着错，满盘皆输。囧……

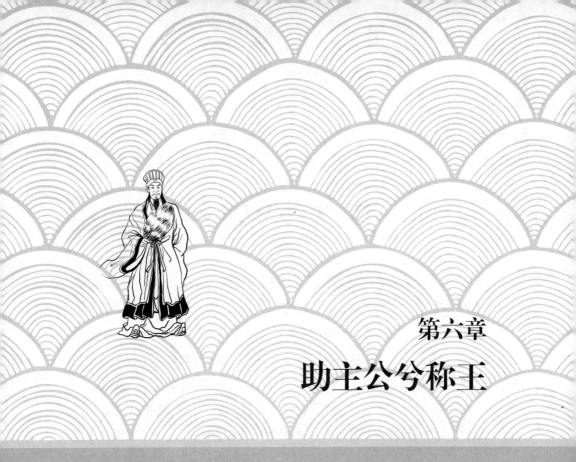

第六章

助主公兮称王

第一节　找刘大耳朵去

诸葛亮草庐定计，天下三分的时候，曹操、孙权、刘表、刘璋是被重点标注的。如今曹操为敌，孙权为友，刘表破灭，刘璋被提上了日程。

刘璋的爹刘焉，就是当初向汉灵帝出主意，把一部分刺史改为州牧，掌一州军政大权，进剿黄巾军的人。这件事的结果就是黄巾军被灭，但是日后地方军政长官拥兵自重，群雄逐鹿。刘备也逐渐长成一头大牛。

刘焉向朝廷求为益州牧，派张鲁盘踞汉中。张鲁截断交通，斩杀汉使，从此益州与中央道路不通，刘焉就此把益州经营成一个半独立王国。

刘璋是刘焉的幼子。刘焉死后，益州官吏赵韪等人上书推举他继掌益州刺史，得朝廷诏为益州牧。

刘璋这个人，往好了说，是他性情软弱宽容，缺乏杀伐果断的决心和勇气，往坏了说，就是被屡次诟病的"暗弱"。

暗，识人不明；弱，缺乏威信。

守着这么大块地盘，易守难攻，能当世外桃源，但是因为群雄并起，被虎视眈眈，而不能自保，这是要化身肥肉以伺群狼的节奏。

不光是有外忧，而且更有内患。谁还没有个梦想。当初赵韪等人推举他当益州牧，就是相中他暗弱，好搓弄。因为刘璋把大权交给了他，于是他就勾结了益州的世家望族，在建安五年，曹操和孙权打官渡之战的时候，在益州内部发动叛乱。

幸亏有刘焉此前收容荆州、三辅的流民建立的"东州兵"，此时拼死力战，才杀了赵韪，平息叛乱。

再说盘踞汉中的张鲁，他是首任天师张道陵的孙子，二任天师张衡的儿子，五斗米道的正宗传人。

五斗米道当时称"鬼道"，张鲁的妈妈秉承夫君五斗米道所奉"男女合气之术"，搭上了刘焉，开导他学习"男女合气之术"。大约是因为她上了刘焉的床了？反正她可以不经通报，直来直往刘焉卧室。

也是因为她，刘焉本来挺老奸巨猾的，竟然放手让张鲁以督义司马的名义，率领五斗米道武装集团，驻扎在汉中咽喉地带，也任凭他"断绝谷阁，杀害汉使"。

当然杀也不能光明正大地杀，就是朝廷使节来他这儿，他就冒充土匪给杀掉；他自己的使节就能够顺顺利利走过栈道，送信到洛阳，信上说"米贼断道，不得复通"，让王朝不要再派使节来了。

这么一来，刘焉也就基本脱离中央的掌控。

不过，刘焉死后，刘璋可就受不了这个女人了。偏偏此时，张鲁还发表声明，闹独立，不受刘璋领导。刘璋拿远在汉中的张鲁没办法，但是你妈可是在成都呢！

于是，他把这个女人给抓起来杀掉了，从此和张鲁势如水火。

永远不要小瞧宗教的力量，张角创立太平道，发动的黄巾起义，差点就把庞大的东汉帝国给打散了。

张鲁是天师道创始人的亲孙子，五斗米道的第三代天师，光这个头衔就已经极有号召力了。而且他对治下的地盘政策比较宽松，还建立义舍，无偿供给行旅食宿。《三国志·魏书·张鲁传》上面说：

> 诸祭酒皆作义舍，如今之亭传。又置义米肉，悬于义舍，行路者量腹取足。

当地少数民族和百姓很拥护他，许多关中流入的百姓也都肯依附他。

而刘璋政权却不稳定，这个想反他，那个真反他。

刘璋不能拿张鲁怎么样，却有人说张鲁想要带兵来打他。刘璋一听，急坏了，召聚众官商议。属下一个叫张松的，给刘璋建议，自请往许都去请曹操来兴兵取汉中，灭张鲁。

刘璋大喜，收拾一驮子礼物，派张松出使曹操。张松这个人心眼儿多，他暗暗画了西川的地理图藏起来，去许都也。

早有密探报告了刘备，诸葛亮派人去许都打探消息。

张松好不容易买通了门人才能见曹操一面，结果曹操以貌取人，一见张松长得又矮又丑，就不怎么待见，说话也气冲冲的。

张松拜了他，他先质问人家："你家主公刘璋连年不给进贡，是几个意思？"

张松说："道儿太远了，强盗也太多，过不来。"

曹操一听就孬毛了，他刚破了马超，志得意满："我扫清了中原，天下太平，哪里还有什么强盗！"

张松也不怵他："南有孙权，北有张鲁，西有刘备，每个人最少都拥兵十多万，怎么能叫太平？"

曹操一听，袍袖一甩，进后堂了。

张松的话堵在嗓子眼儿，正事儿还没来得及说，就被赶出去了。

张松心说，不跟你玩儿了，我找刘大耳朵去。

第二节　出大事了

刘备这个人，大家都知道，爱哭，会笼络人心，待张松可好了。

张松热脸刚贴了曹操的冷屁股，如今冷屁股贴上了刘备的热脸，感动死了，就把西川地图献出来了。

而且还把好友法正和孟达推荐给刘备，也让他们到荆州来找刘备，和刘备商议，取老东家的西川！

建安十六年（211年），刘璋听说曹操要派兵到汉中征讨张鲁，谁知道曹操打什么主意，是不是来灭自己来了，所以他也很害怕。张松又趁机劝他把刘备迎接过来，和他一起共抗曹操。

那么，问题来了：刘备来后，你给他一个什么身份呢？拿他当部将，他肯干吗？拿他当宾客，一山不容二虎，一国不容二主，他真要有了二心，你又往哪儿摆？

所以刘璋的主簿黄权力劝，结果刘璋不听。这方面他倒是坚决得很，张松给他灌的迷魂汤很给力。

还有一个叫王累的从事把自己倒吊到了城门上，希望刘璋收回成命，刘璋也不听，不听不听就不听，我和刘备是一家子，他怎么肯害我！

真的是既弱且暗。

于是，法正就率部队把刘备迎接来了。

刘璋那个高兴哟。

他想着，替自己在前线挡枪的人来了，那还不得好好迎接？于是刘备从江陵率军赶到涪城，刘璋率领步、骑兵三万多人，车驾幔帐，光耀夺目，去和刘备相会。大家欢聚宴饮一百多天。

刘璋听说张鲁要来攻打葭萌关，就让刘备驻扎在这里，给他留下大批物资，然后两人告别。

刘备带着几万兵马来益州，让诸葛亮和关羽等人驻守荆州。

这个时候，出大事了。

东吴的细作把刘备动向报知孙权，部下建议他趁这机会，派部队截住西川入口，让刘备回都回不来，东吴起兵全力拿下荆襄。

正中孙权下怀。

结果吴国太不干了：我闺女还在荆州啊，你们这时候出兵，想要她的命吗？

孙权被骂了一顿，张昭献计，派周善带几百士兵潜入荆州，假说妈妈病重，把孙尚香给接回来，而且，把刘备的嫡出儿子阿斗也带来，当人质！

孙尚香果然上当了，抱着阿斗就上了东吴的船。幸而赵云察觉不对，赶到船上，抢下阿斗，却又被周善带兵团团围住，不得脱困。

幸而张飞听到信儿也带兵赶了过来，跳上船来，砍了周善，救下赵云和阿斗。

紧接着，诸葛亮得了信儿，也提重兵气势汹汹赶了过来，接下他们仨。

至于孙夫人，你爱走就走吧。

诸葛亮给刘备写信报告了这件事，刘备很怒：好哇，你们敢抢我儿子！

孙权听说张飞、赵云杀了周善，截江夺了阿斗，也很怒："我妹回来了，从此我和他刘备没啥亲戚关系！杀了我的大将周善，这个仇我肯定要报！"

孙刘联盟裂了一条大缝。

孙权正要打荆州，结果报说曹操起兵四十万，要来报赤壁之仇，于是先把荆州放一放，商量怎么抗击曹操要紧。

建安十八年（213年）正月，曹操大军挺进濡须，在濡须口击破孙权的江西大营，排兵布阵。

结果当头一望，对面战船上就坐着孙权，精兵强将，战船排排。曹操感慨："生子当如孙仲谋！若刘景升儿子，豚犬耳！"

双方僵持一月有余，试探性的发兵倒是都有，但是没有什么大规模的战事。

然后，曹操接到孙权写的一封信：

"我和你，我们都是汉家臣子。你不想着报国安民，老是动不动就想打仗，打仗哪有不死人的？你这样残害生灵，圣人他老人家知道不？马上春水化冻，劝你早早滚蛋，否则，别说我没提醒你，再像赤壁那样烧你一回。"

信背后又写了两行字："足下不死，孤不得安。"

曹操哈哈大笑，撤兵回朝。

——他也老了，五十八岁了，没那么大的斗志了。

队伍来回调动很麻烦的。

孙权把军队调动起来，抵敌曹操，结果曹操撤兵了。孙权就想着干脆让军队去打荆州得了。

可是这样一来，曹操说不定又要趁自己内部空虚，发兵来攻。所以张昭献计，写了两封信：

第一封给刘璋，挑拨他和刘备之间的关系，就说刘备和东吴合作，要取他的西川。刘璋就会攻打刘备。

第二封给张鲁，让他进兵荆州，让还在葭萌关的刘备顾头不能顾尾，顾尾又顾不着头。

第三节　未竟之志就是未竟之志

刘备在葭萌关驻扎，还是施行老一套，继续收买民心。老百姓也确实买他的账。

他也知道了媳妇逃回娘家的事，也听说了曹操兵犯濡须，要和孙权打架的事，就和庞统商量：

别看是曹操和孙权打架，这两个人谁打胜了，自己的大本营荆州都没好。曹操胜了，一定会夺了荆州。孙权胜了，也一定会夺了荆州，怎么办？

庞统说问题不大，有孔明在。不如给刘璋去封信，就说曹操要打孙权，孙权来向荆州求救。咱们和孙权是亲密盟友，不能不去救援。至于张鲁，他只是致力于自守，也不敢轻易来犯，所以请刘璋念在咱们是一家子的分上，给精兵三四万，粮食十万斛，助我去帮助孙权打曹操。

等把兵马钱粮要来了，再说。

——庞统也不是什么好人，明摆着坑刘璋的兵马钱粮呢。

结果信送到了成都，刘璋的大臣都反对给刘备发兵发粮，免得他如虎添翼。

但是刘备的面子也不好驳，毕竟他和刘备曾经那么如胶似漆来着。所以就给他发了四千老弱残兵，一万斛米，算是一个人情。

刘备大怒："我为你抵御外侮，费力劳心，你就这么小气巴拉的，还怎么让人替你卖命乎！"

刘备扯烂刘璋的回信，大骂起身，刘璋的使者逃回成都。这样一来，两个人就算是彻底闹掰了。

庞统给了刘备三个方案：

第一，选精兵，昼夜兼程，直取成都。

第二，假称要回荆州，骗守关的刘璋将领来送行，然后杀之，占了关隘，先攻取涪城，再打成都。

第三，退回白帝城，连夜回荆州，至于成都，慢慢找机会来打。

总之，马上行动起来，不能再迁延，否则刘璋发兵过来，咱们走都走不了了。

刘备采纳了第二个方案，给刘璋写信，说是曹操发兵，他要亲自去抵挡。刘备的信到了成都，别人信不信的，反正张松是信了，他一看，这还行，马上就给刘备写了一封信。

信写好还没来得及派人送走，他的亲哥哥广汉太守张肃来了，张松就把信藏在袖子里，和哥哥说话，然后又喝酒。

喝着喝着，信掉出来，被张肃的随从拾了，席散后交给张肃。张肃一看，原来是张松要刘备赶紧进兵，他来当内应，一鼓作气，占了益州！

张肃大惊，这是灭门大罪啊！与其一大家子陪他死，不如让他一人死。于是张肃连夜向刘璋告发，刘璋大怒，捉来张松全家，全都杀了。

然后下令各关口严禁刘备通过。

刘备把刘璋彻底惹毛了，刘璋又把刘备彻底惹毛了，两个人正式开打。

要打就得找帮手，刘备让诸葛亮和张飞、赵云率军沿长江而上，兵分三路，谁抵抗就灭了谁，配合自己作战。

这几个人都不是白给的，这一路上攻城拔寨，招降纳叛，很快就行军到了重镇江州，也就是今天的重庆。

打下江州后，这三个人又分兵出击，继续攻城略地，准备把刘璋盘踞的成都孤立起来，团团包围，迫他投降。

这几路军都特别顺利，张飞占了阆中后留兵镇守，同时防御汉中张鲁。

诸葛亮走的是中路，取道德阳，赶到成都附近。

赵云攻下重镇江阳，就是如今的四川泸州，从南面迂回包围成都。

只有刘备啃上了硬骨头，在雒城城下寸步难行。

雒城是成都的最后一道屏障，拿下它，就和另外三个人四面合围，把成都包围成孤城了。守卫雒城的是刘璋的长子刘循，他拼了命也要守下来——守下来了，等他爹死了整个益州就是他的。

强攻的过程中，庞统中流矢而死，年仅三十六岁。

刘备大哭，诸葛亮知道之后，也痛哭不止。惺惺相惜的人，如今又少了一个。

诸葛亮又孤独了。

这是史料上，庞统第一次领兵打仗，打得很好，很有成绩。

可以做一个大胆设想，如果庞统不死，和诸葛亮一起活到最后，说不定刘备能够一统全国呢。

只是历史没有假如，没了就是没了，未竟之志就是未竟之志。

打仗的时候，劝降是成本最低的方式。如今法正在刘备麾下做事，受命给原来的老领导刘璋写了一封劝降信，说刘璋大势已去，降了吧，你别担心，刘备不会难为你的。

手里握着的馍馍别人让你扔出去，那要真是个馍馍也成，问题它不是啊。

所以刘璋不应，刘备继续打。

第四节　热心的直肠子

其实刘备也有点灰心丧气了，一年了，还打不下。这时候，诸葛亮正带兵在沿江平定两岸的抵抗部队呢，特意给刘备写了一封信。

信上不说别的，只说自己懂星相，通过夜观天象，发现如今形势虽然对我方不利，其实征兆还是蛮有利的，所以刘备坚持了下去。

建安十九年（214年）夏，刘备终于攻克围攻将近一年的雒城，刘璋的儿子刘循突围逃回成都。

诸葛亮、张飞、赵云也进兵到成都、雒城附近，刘备指挥几路大军进逼成都，打算瓮中捉鳖。

这时候，来了一个人。

建安十三年（208年），西凉大军阀马腾被曹操忽悠，带着两个儿子马休、马铁进了邺城，只有另一个儿子马超留守凉州，统领马腾的部队。

建安十六年（211年），曹操亲自带兵出征，马超等西凉军阀死的死，逃的逃。

建安十七年（212年），马腾和两个儿子马休、马铁被曹操一起杀掉。马超投奔汉中张鲁。

张鲁封马超为都讲祭酒，还打算把女儿嫁给马超，但是后来在部下们的劝谏下，又反悔了。张鲁的部下害怕马超的本事，想害他，马超逃了。

恰在此时，刘备率兵入川，派人向马超示好，马超就归顺了刘备。

刘备特别高兴："益州入袋了。"

马超率领刘备给他的兵马径直到了成都，屯兵城北，城里人都如闻杀神到来，人人震恐。刘璋也非常害怕，想要开城投降。

有人劝他："城中尚有兵三万余人，钱帛粮草可支一年，奈何便降？"

刘璋说："我们父子二人在蜀二十余年，没有给百姓做多少好事，如今打了几年仗，老百姓血肉扔在草野，都是我的罪过。不如投降，让百姓过安生日子吧。"

众人听了，都落了泪。

好在刘备不是曹操，不会赶尽杀绝，刘璋投降后，也并不害他性命，让他迁到公安，给还他所有财物，又给了他振威将军印信。

几年后，建安二十四年（219 年），孙权杀了关羽，得了荆州，又派刘璋做益州牧，驻于秭归，不过不久他就病死了。

总的来说，刘璋虽然性情暗弱，但是秉性良善，也算得了一个善终。

回头再说刘备。

这人暴露出了他没出息的一面，或者说穷人乍富，拼命摆阔的一面。

他大半辈子都在鸡奔狗走，没一个安定的时候，不是投奔这个，就是依附那个，忙忙如丧家之犬，老是被人明着欺负，暗着算计。好容易占了一个荆州，还被追在屁股后讨要。

如今凭本事打下了益州，可算有了自己的家了。哪怕别人的家是别墅、豪宅，自己的家只是四十平方米的小一居，但是，那也是自己的家啊。虽然地段不太好，特别偏，但是胜在地势险要，易守难攻，别人要想打自己，也得思量思量。

从此以后，爷也是西南一方的霸主了。

所以，他就飘了，膨胀了。

喝酒哇，造作呀，快乐呀，封赏啊！

美酒，摆出来，喝！

城中府库所有金银，都拿出来，赏！

有功的谋臣将士，封！

大家都高兴，只有一个人提出反对意见，就是赵云。赵云说：

"霍去病曾说过匈奴未灭，何以家为，现在国贼不只像匈奴只有一个，所以还不到可以安定下来的时候，须等到天下平定之后，再使众人返回家乡去耕耘田地，这才是最好的决定。益州的百姓，刚刚遭遇战祸，现在应该将田宅房产归还给百姓，先让他们安居乐业，然后可以使他们服兵役、纳户税，这样也能得到益州的民心。"

刘备一向热衷于收纳民心，所以当然没有不听的道理。

但是从此以后，赵云确确实实一直不大受重用。他这几句话一出，肯定要得罪一大票出生入死的兄弟——大家谁不图一个封妻荫子，享荣华富贵？结果你一句话，田产没有了，房子没有了，苦日子还得过，这些东西还是老百姓的，那自己打仗图的是什么？所以明里暗里地排挤和说说小话，甚至穿穿小鞋未必就没有过。刘备麾下也不是铁板一块，也不是思想工作做得好到那个地步，万众一心的。

所以赵云为民请命，其实是把自己的前途给毁了。燕赵儿女有一副热心的直肠子。

第五节　不能死在自己造的刀下

当初刘备和刘璋开战，早和众将士约好："如果进了城，刘璋府库里的东西任你们拿，我不管。"

结果成都攻下，将士们疯了一样扔下武器去府库里抢宝物，搞得府库没钱，军饷都发不出来。没办法，他把自己床上的挂钩都给熔了，铸成钱儿，好发饷。

这时候，在诸葛亮推举下招揽到的刘巴发挥了作用。

他建议：铸造铸值百钱的铜板通行，统一物价，并实行公卖制度。

刘备听从了刘巴的建议，数月之间，府库得以充实。

跟着新老板打旧老板的法正也是一个很有个性的人。

当初他在刘璋手下不受重用，备受排挤，如今在刘备这里如鱼得水，成了刘备的贴身智囊。

法正的性子特别像现代人，根本不讲儒家那套宽仁待人，也不会像耶稣那样别人打我左脸一巴掌，我把右脸也凑过去给他打。他是一定要别人打我左脸，我就给他还回去，再扇他右脸一巴掌当利息的！

所以，拿下益州后，他开始大肆报复，当年侮辱自己、毁谤自己的人，杀！而且还是亲手杀。手刃仇人！

一连杀了几个，有人看不下去了，去找诸葛亮，拜托他去跟刘备说说，让刘备劝劝法正，别这么干了。杀人多了，大家害怕了，就和刘备离心离德了。

但是诸葛亮没有直接去找刘备，因为他知道刘备倚重法正，这一说，一下就有可能得罪两个人——得罪法正是一定的，同时也把刘备得罪了：让主公为难哪！

所以，他拉上法正、刘巴、李严、伊籍这些人，一起制定了一部专门针对蜀地的律法，名字叫《蜀科》。

事实上，当初诸葛亮确实是给刘备确立了天下三分的战略指导思想，不过后来在打仗的时候，具体出谋划策的很少是他。庞统到了刘备麾下后，开始为刘备出谋划策。庞统死了后，又有法正续上。

倒是诸葛亮在后勤保障工作上做得相当出色。他就跟曹操的荀彧一样，坐镇后方，让主公没有后顾之忧。即使后来刘备身死白帝城，临死托孤，也是让诸葛亮当总理，做统帅，而不是谋一城一地得失的谋士。

所以，真正的诸葛亮，并不是多智近妖的谋士，而是一个战略家、指挥家、政治家。

他下的是整个蜀国的好大的一盘棋。

在这方面，他远比法正要优秀得多。

就好比说入蜀之后，诸葛亮强调治蜀要厉行法治，许多蜀人以前宽松惯了，他特别不满，法正也不满，因为他不能再随心所欲地找理由杀掉他不喜欢的人了。

于是法正就给诸葛亮写信抗议："过去高祖入关，约法三章，秦民感恩戴德。如今你们占了益州，刚有了这个地盘，还没有示恩呢，就要严刑峻法了，这样会使老百姓失望，失了民心的。"

诸葛亮给他回了一封信：

"您只知道事物的一方面，而不知道它的另一方面啊！秦王朝昏庸无道，刑罚苛严，导致百姓怨恨，陈胜、吴广揭竿而起。汉高祖刘邦吸取秦朝的教训，采取了宽大的措施，取得了成功。

"您认为益州今日当缓刑弛禁，这是不对的。

"因为当今益州已历刘焉、刘璋两朝统治，他们只靠一些表面的文书、法令来维持天下，养成了相互吹捧的恶习，导致德政不施，威严不肃。因此益州豪强胡作非为，君臣之道日渐废替。这样，用当官封爵的宽容办法来笼络他们，结果官位给高了，他们反而不觉得可贵；恩惠给多了，他们反而不知好歹。

"如今，我严明赏罚，法令一行，他们就会知道好歹；不滥封官加爵，官位升了，他们就会感到来之不易而珍视它。这样，赏罚并用，相辅相成，上下就有了秩序。治理国家的要领就体现于此。"

事情最终证明，诸葛亮的思路和做法是正确的。

他坚持"治乱世用重典"（《礼记·周礼》），仅仅数年，就让蜀国成为一个"吏不容奸，人怀自厉，道不拾遗，强不侵弱，风化肃然"的所在。

从这个角度说，诸葛亮确实是治国的第一能臣。法正用的是奇谋，而诸葛亮用的则是法典。

而且，他给法正写的信，有敲山震虎的意思：以前没有《蜀科》的时候，你还可以乱来，如今有了《蜀科》这部明律正典，你不好再乱来了，再乱来可是要触犯《蜀科》的。触犯了《蜀科》，是要负法律责任的。

法正又不傻，从此他就不再"擅杀"了。亲手制的刀，再死在这把刀下，会让人笑话。

据说诸葛亮的法治哲学主要来自先秦的法家商鞅和韩非，以及西汉的新儒家董仲舒。总之，他治国是有法的影子，有礼的影子，有威的力量，有德的力量。虽然他推行商鞅之法，却结合了儒家的教化，既有雷霆闪电，又有春风化雨。

《蜀科》制定后，经过一段时间的实施，刘备的治下，一派和谐：

科教严明，赏罚必信，无恶不惩，无善不显，至于吏不容奸，人怀自厉，道不拾遗，强不侵弱，风化肃然。（《三国志·诸葛亮传》）

第六节　小亮哭了

刘备忙着在诸葛亮的协助下给自己经营地盘的同时，曹操也没闲着。

汉献帝将冀州的十个郡划为曹操的采邑，擢升他为魏公，他是丞相兼冀州牧，加"九锡"。然后，曹操把自己的三个女儿曹宪、曹节、曹华，同时献给汉献帝刘协。

——齐人之福哇。这个和诸葛亮同年生的皇帝，看上去好有福气。

可是实际上，他大约是不知道有诸葛亮这号人物的存在的，如果知道的话，他宁愿长出诸葛亮的脑子，用皇帝的地位来换诸葛亮的地位。

诸葛亮在刘备这里，虽然累，但累得畅快。

他在曹操这里，虽然闲，却闲得憋屈。

当初密谋刺曹的主持人是董承，他的女儿是汉献帝的贵人。曹操杀了董承后，又杀了已经怀孕的董贵人。

伏皇后害怕自己也落个同样的下场，就给她父亲伏完写信，要伏完想办法铲除曹操。可是伏完不敢动手。伏完死后几年，秘密泄露，曹操大怒，逼着汉献帝废去伏皇后，又派人去把伏皇后捉了，下到掖庭暴室，幽禁去世。她生的两个皇子全被毒杀，伏氏宗族有百余人也被处死，伏寿母亲等十九人都被流放到涿郡。

建安二十年（215 年）正月，宫门血案不久，曹操的女儿曹节被立为皇后。

这下子，汉献帝的枕边人都是自己的闺女，没人再能害他了吧？

他的心闲了，又有工夫关注刘备了。

大耳贼如今眼看着一步一步起来了，成了劲敌。

孙权也气得慌。

荆州成了孙权的心病了，他一门心思想把荆州要回来。

这次张昭献计，让他抓了诸葛瑾一家老小，包括他的继母，然后派诸葛瑾去西川，告诉诸葛亮，劝刘备交割荆州，如果不还，杀他老小。诸葛亮敢不依从？

话说这诸葛瑾也怪，是一个完全没什么大用处的人，但又特别受孙权钟爱，所以孙权不忍：诸葛瑾是好人哪，怎么忍心抓他家满门老小？

张昭说：就直接告诉他，这是计策，让他放心。

于是诸葛瑾依计而行，带着孙权的信去西川了。

这天，他到了成都。

刘备问诸葛亮："你哥哥这是来干吗呀？"

诸葛亮说："唉，还能干吗，来要荆州呗。"

刘备："怎么答复他？"

诸葛亮凑近，叽叽咕咕："如此如此，这样这样……"

诸葛亮出城接诸葛瑾进了宾馆，兄弟两个人见礼后，诸葛瑾放声大哭："我一家老小倒霉啊，被我家主公抓了，就因为你家主公不还荆州哇，兄弟你说咋办吧？"

诸葛亮说哥哥别担心，我会让我家主公还荆州的。

诸葛瑾大喜，就带着孙权的信和诸葛亮去见刘备。刘备拆信一看，大怒：

"这个大舅子，太讨厌了！他已经把妹妹嫁给我，却趁着我不在荆州，偷偷把他妹子给接走了，这是哪家的道理！我正要点兵杀向江南，报他夺妻之恨，他居然还想来要荆州！"

孔明一拜到底，哭得哇哇的："主公啊，吴侯抓了我哥哥一家老小，如果不还他荆州，我哥哥一家子都要被杀呀，我又怎么能够独活？主公，看在我的面上，把荆州还给东吴吧……"

刘备："军师闭嘴。"

诸葛亮："主公……"

刘备："闭嘴。"

诸葛亮："主公救命啊……"

刘备："军师闭嘴闭嘴！"

就这样，诸葛亮眼泪哗哗的。旁边的诸葛瑾看得又心疼又尴尬。

刘备一看这戏演得差不多了，慢慢地叹了口气："唉，罢了。看在我家军师的面上，给你们吴侯还一半吧：把长沙、零陵、桂阳三郡给他。"

诸葛亮高兴得不行："多谢主公！赶紧给云长写信，让他交割这三郡吧。"

刘备一边磨墨展纸写信，一边警告诸葛瑾："子瑜啊，你到了那儿，可得给我兄弟说好话，他性子不好，我都害怕。"

诸葛瑾拿着信前脚走，诸葛亮后脚收了眼泪，没事人一样站起来了。

到了荆州，见了关羽，诸葛瑾拿出刘备的信来，说明来意。

关云长一听，红脸膛霎时就黑了三分："搞什么！荆州是大汉疆土，我哥刘备是皇室子孙，有哪一点是你们吴侯的？将在外，君命有所不受，就算你拿着我哥的信，我不还就是不还。"

诸葛瑾一听傻了："如今吴侯抓了我满门老小，如果拿不回荆州，就要杀了他们哪。将军，你可怜可怜我吧！"

关羽："这是吴侯诡计，瞒得过别人，瞒不过我。"

诸葛瑾："将军，太不给面子了吧？"

关羽噌啷一声利剑出鞘："我给你面子，这把剑不给你面子！"

第七节　谁才是孤胆英雄

关羽的儿子关平在一边假模假式地劝："爹呀，别让咱们军师难做人啊，别生气了。"

关羽又噌啷一声利剑归鞘："不看在我家军师面上，今儿让你把命搁这儿！"

诸葛瑾好没面子地出来，急急忙忙去西川找兄弟，结果诸葛亮早出差了——反正看大门的告诉他出差去了。

诸葛瑾只好再哭求刘备，说你二弟不还，还要杀我。

刘备好言好语安慰他："我这兄弟太性急了，不好说话。子瑜啊，你先回去吧，等我取了东川、汉中诸郡，把云长调去守那些地方，荆州就能还你了。"

诸葛瑾没办法，回去见孙权，详细汇报一番，孙权大怒："这是不是你兄弟诸葛亮的诡计？"

诸葛瑾："不是。"

孙权："这个可以是。"

诸葛瑾："这个真不是。我弟也哭着求告刘备，刘备这才许了长沙、零陵、桂阳三郡先还。"

孙权也没脾气："算了，既然刘备说了先还三郡，那就派人去赴任吧，看是怎么个情形。"

到底孙权厚道，放了诸葛瑾的家人，然后分别派三人去三郡赴任，结果没一天都被关云长赶了回来。

孙权气坏了，叫过鲁肃来骂：都是你当初瞎担保，把荆州借给大耳贼，现在好了，他取了西川都不肯还，你说怎么办吧。

鲁肃也没办法了，说如今咱们不是屯兵陆口吗，要不咱们把关云长请过来吃饭。他来了，咱们跟他好说好商量；他要还是不答应，干脆埋伏刀斧手杀了他！如果他不来呢，咱们就派兵硬夺荆州了。

有人说别呀，关云长是虎将，一般人制不住，真要杀不成他，被他反杀，那就造孽了。

荆州这根刺扎在孙权的心里，就像自己的钱借给别人，别人说什么也不肯还，结果被气得要死，白天黑夜都想着它。所以这人的话他也不肯听，派鲁肃赶紧去安排。

结果关羽才不怕他，真就来了。但是没用，他一把牵住了鲁肃，拿鲁肃当人质，刀斧手不敢动，又乖乖地看着关羽回去了。

孙权气死了：就这样被你们哥们儿耍得团团转，我这江东之主也不要当了！举全国之兵，要来取荆州。

这时候有探马来报，说曹操起兵三十万来攻打江东，孙权一听，赶紧把那头按下，移兵合淝、濡须，抵挡曹操。

荆州这事儿就这么又被撂下了。

对，这又是《三国演义》里的情节，"关云长单刀赴会"。

反正刘备哥俩就是雄赳赳气昂昂地耍赖，不还不还就不还。特别像现如今借钱不还的人的论调：我凭本事借来的钱，凭什么要还。

而孙权也没有一个好的催收队伍。

但是，其实不是真事儿。

尤其是鲁肃在诸葛亮的智计和关羽的豪横面前，特别窝囊，这也不是真事儿。

真相是，鲁肃忠厚大度，这不假，但是一点都不窝囊。

历史上的"单刀赴会"，孤胆英雄也不是关羽，而是鲁肃。

建安二十年，因为荆州之争，孙刘两家在边界地区老是起摩擦。先是孙权派吕蒙攻取了长沙、零陵、桂阳三郡，接着刘备亲临公安督战，派关羽正面迎击。

大战一触即发，而曹操乐得坐山观虎斗。

鲁肃主动跑到刘家的军营里谈判去了，这是真正的单刀赴会。谈判桌上，鲁肃据理力争，"厉声呵之，辞色甚切"，关羽面红耳赤，理屈词穷。

最终，孙刘两家达成协议：平分荆州，"割湘水为界，于是罢军"。

这样一来，孙刘联盟不必破裂，共同抵抗曹操的能力照旧维持。鲁肃功劳甚大。

所以，这件事的结果是这样的：

曹操要取汉中的张鲁，刘备迅速和孙权修和，协议平分荆州，把荆州的江夏郡、长沙郡、桂阳郡划归孙权，而荆州的南郡、零陵郡、武陵郡划归刘备。

这就是三国史上著名的湘水划界。东面归孙，西面归刘。

三国群雄逐鹿，有一个人也不是特别想称霸天下的。

这个人就是张鲁。

张鲁是道门出身，他爹张衡一死，他就成了五斗米道的天师。汉中连接蜀地和关中，历来是兵家必争之地，因为张鲁统治汉中的政策宽松，所以五斗米道在当地特别得人心。

也因为百姓安居，所以此地户口超过十万，土地肥沃，颇多物产，简直就是乱世里的一处桃花源。

关键是这个桃花源的前前后后，左左右右，都不是善茬。

蜀地的刘璋已经够让人操心了，而且是实打实的如假包换的大仇人，还不断派兵骚扰他，让他不能安心。

而关中的韩遂、马超，又兵强马壮。就算他们和曹操打仗，顾不上自己，但是，老虎就是老虎，他们不是猫啊。结果没想到两只老虎被曹操给吃掉了，张鲁更糟心了。

曹操，是张鲁更惹不起的人！

第八节　管萧亚匹

建安二十年三月，曹操亲率大军，攻打汉中。

曹军抵达阳平关时，张鲁就想投降曹操。

但是张鲁的弟弟张卫不听，率人马数万坚守阳平关，结果战绩卓然。曹操伤亡许多士卒，粮草也供应不上。曹操也没办法，想着干脆退兵吧。

他今年六十岁了，老了，没锐气了。

没想到的是，他福大命大造化大，大将军夏侯惇、将军许褚下令叫那些已攀登上山的部队撤退，前锋部队竟然在夜里迷了路，意外地闯进张卫的另一个大营。

冷水进了热油锅，张卫大营的士兵被吓得够呛，以为曹操大军打过来了，军心大乱。曹操一听，好消息！进攻！张卫大营被一举击溃。

张鲁又想投降，臣下劝他好歹做做样子，抵抗一下，然后再称臣，要不然就是投降了曹操也不会重用他。

张鲁于是带兵前往巴中，曹操也按照他一贯的套路来，先派人劝降和慰问，张鲁就顺坡下驴，带全家来拜曹操。

曹操任命他为镇南将军，封阆中侯，食邑一万户，又把他和家属带回邺城，还封张鲁的五个儿子及劝张鲁投降的人为列侯，让儿子曹宇娶张鲁女儿为妻。张鲁得了善终，最后葬于邺城。

这么大、这么好、这么肥的一块汉中肉，刘备怎么肯白白送给曹操呢？

打呀！

曹军和刘备的军队艰苦相持，曹操的部队不断增援，刘备也在前线不断给坐镇后方的诸葛亮发消息，让他给自己提供兵力和粮草。

眼瞅着这么多兵力和粮草被源源不断地输送上去，但是想要取胜似乎遥遥无期。诸葛亮也矛盾和犹豫了，这样付出，到底值不值？

这时候，有一个人出面，给诸葛亮献策。

这个人叫杨洪，刘璋治理益州时，他就在益州任职，刘备夺了益州，他又在李严手下当功曹。

现在，诸葛亮犹豫是否放弃汉中，不再和曹操争夺，问杨洪什么意见，杨洪说："汉中是益州咽喉，我国存亡的要害之机枢，如果没有汉中则没有蜀地，这是家门口的祸患；如今形势，男人应当参战，女子应参加运输，发兵往救还有什么疑虑的！"

这话坚定了诸葛亮倾益州之力支援前线的决心。

法正已经跟着刘备去前线了，诸葛亮就上表奏任杨洪兼任蜀郡太守。结果杨洪把各项事情都办得井井有条，于是就正式任命他为蜀郡太守。不久，又让他做了益州治中从事。

就这样，杨洪和他以前的老领导李严平起平坐了。

后来，他自己的下属何祗没几年也因为他的推荐，被提拔。一次朝会，他和何祗开玩笑："你骑马怎么跑这么快？"

何祗说："我的马跑得其实不快，只是您没使劲抽自己的马罢了。"

据说，这就是成语"快马加鞭"的由来。

诸葛亮在用人方面，确实气度宽宏，从不嫉贤妒能。也许别人再怎么能干，他对自己的能力也有绝对的信心。

建安二十四年正月，刘备自阳平渡过沔水，驻于定军山，率军和曹军大将夏侯渊、张郃相争，夏侯渊战死。五月，曹操退出汉中，汉中被刘备占了，刘备自称汉中王。

《三国志·蜀书·诸葛亮传》中记载，汉中之战期间，"先主外出，亮常镇守成都，足食足兵"。

当初汉高祖刘邦统一天下，把萧何功劳列为天下第一，因为萧何的后勤工作做得好。

　　诸葛亮做的也是这份艰难而不出彩的工作，所以后人评价诸葛亮为"管（仲）萧（何）之亚匹"，说他担任宰相，抚恤百姓，精简官职，权事制宜，诚心待人，公正无私。

　　说他对待尽忠职守、有益时事的人，即使是仇人也必定会奖赏；对待犯法令、懈怠、傲慢的人，即使是亲人也必定会处罚。

　　说他对于坦诚认罪、传布真情的人，即使犯了重罪也必定会开释；对于说话浮夸、巧辩文过的人，即使只是犯了轻罪也必定会杀戮。

　　说他无论多么小的善行，没有不奖赏的，无论多么细的恶行，没有不贬抑的。处理事务非常精明干练，管理事情着重在它的根本，依照官名来要求人尽到实职，对于虚伪造假的人不予录用。

　　所以全国的百姓都敬畏他、爱戴他；刑罚政令虽然严厉，却没有人怨恨他，因为他用心公平而且劝诫明白。他真可以称得上是明白治道的好人才，和管仲、萧何是同一类的人。

第七章

白帝兮悲风

第一节　血海深仇

建安二十四年七月，关羽带荆州军队攻打樊城，曹军驻扎在低洼地带，他掘了河堰，来了一个水淹七军，逼降了于禁，杀死了庞德。

曹操被关羽吓坏了，想着干脆迁都，避其锋芒。幸亏司马懿劝止，他献了一条计，勾引得孙刘两家打起来：

虽然孙、刘结盟，但实际上各怀心腹事。我们可以派人劝孙权威胁关羽的后方，好处是答应孙权把荆州南部的土地都给他，这样樊城之围自然解除。

曹操依计而行，孙权果然同意。

孙权之所以同意，是因为关羽大大地羞辱了他一回。

孙权派使者说媒，让自己的儿子娶关羽的女儿，好使孙刘两家合力破曹。谁想关羽不肯，说是自己的虎女不能嫁犬子。

而且关羽水淹七军，围困樊城，孙权遣使说要援助关羽拿下樊城，但使者来得太晚，被关羽臭骂了一顿，这也是得罪孙权的地方。

孙权和曹操合作，派手下大将吕蒙使了一计："白衣渡江。"

先是吕蒙声称生病了，推荐名不见经传的陆逊接手军队事务。陆逊接手军队后，特地给关羽写了一封言辞谦卑的信，关羽对他和江东更加不加防范了，只一心和曹操正面对抗，把荆州的大部分兵马都调走了。

然后，吕蒙派士兵伪装成客商，不穿衣甲，不带兵器，招募百姓摇橹划桨，骗过荆州守军，长驱直入，白衣渡江（所谓的白衣，是指汉代的庶民服色）。简而言之，就是化装成老百姓，渡过长江，兵不血刃，夺了荆州。

驻守江防的士兵全被俘虏，吕蒙又写信诱降坐镇公安的傅士仁，又使傅士仁迫降坐镇荆州的南郡太守糜芳，然后进入江陵把关羽和部下的家眷全部抓起来。

孙权又派陆逊攻占夷陵、秭归，切断关羽入川的退路。关羽带兵撤退上庸，向上庸的刘封、孟达他们求援，谁知道竟被拒绝——刘封是刘备的养子。

没办法，腹背受敌之下，关羽西走麦城，被孙权派人抓了。他的儿子关平也被抓，父子被杀。

东吴和蜀汉结下血海深仇。

那么，问题来了，关羽打樊城，历时半年，刘备和诸葛亮在干吗？为什么不发援兵，任由关羽兵败逃亡被杀？

章太炎专门为这个问题，写了一篇叫《正葛》的文章，讲的是诸葛亮是法家，忌惮关羽刚猛，不听调度，不如假手孙吴，除了他。为这个，宁可舍弃荆州。

> 如羽，世之虎臣，又非封等伦也。功多而无罪状，除之则不足以厌人心，不除则易世所不能御，席益厚而将掣挠吾大政。故不惜以荆州全土假手于吴人，以殒关羽之命……

而且还拿萧何杀韩信来举例：

> 吾读《梁父吟》言"二桃杀三士"。葛氏（指诸葛亮）少时，盖诵习之。太史公曰：陈平宰割天下之志，见于俎上。呜呼！若葛氏者，其志亦见于诵诗矣。

可是，诸葛亮是这样的人吗？

实事求是地说，刘备虽然取了汉中，但是人员伤亡、物资消耗极其巨大，短期内，估计是分不了兵的。

而且关羽只不过是夺一座樊城，并无关战役的宏旨大局，所以刘备可能也没有觉得关羽危在旦夕，甚至有性命之忧。

就算诸葛亮凭着他的大脑，预见到了事态一旦不利，会造成的走向，但是他也是有心无力。

这个和有心而不出力，是有绝对本质的区别的。

至于刘封和孟达的上庸军，关羽不是向他们求援吗？但是他们想要增援，需要穿越曹仁的防区，去了，也就成了人家的瓮中之鳖。

总之，关羽的死，说实话，其实无必要，而且挺冤枉。

汉中王闻关公父子遇害，哭倒于地；众文武急救，半晌方醒，扶入内殿。孔明劝曰："王上少忧。自古道死生有命；关公平日刚而自矜，故今日有此祸。王上且宜保养尊体，徐图报仇。"玄德曰："孤与关、张二弟桃园结义时，誓同生死。今云长已亡，孤岂能独享富贵乎！"言未已，只见关兴号恸而来。玄德见了，大叫一声，又哭绝于地。众官救醒。一日哭绝三五次，三日水浆不进，只是痛哭；泪湿衣襟，斑斑成血。（《三国演义》）

第二节　汉朝已死，有事烧纸

诸葛亮不是不心痛，当初刘备带着关羽和张飞三顾茅庐，关羽和张飞其实都不待见他，觉得他装神弄鬼，乱摆架子。张飞还想着一把火烧了他的草庐，一方面刘备呵斥，另一方面关羽拉住。

关羽到底比张飞大几岁，稳重一些，无论对诸葛亮尊重不尊重，始终克制着自己的脾气。后来诸葛亮展露才华，也得到他的尊重。

诸葛亮对关羽也是尊重的，他清楚关羽的脾气秉性，所以还特别会"哄"他。

比如刘备取西川后，因马超功大，封马超为平西将军。关羽远在荆州，不服气，让关平给刘备带信，说自己要来西川和马超比试比试。这时，诸葛亮就写信给关羽，着实夸他一番，说虽然马超是智勇双全，但远远比不上关羽"绝伦逸群"。

关羽一看，特别有面子，把诸葛亮的书信"遍示宾客"，你们瞧，连诸葛亮都说我比别人强！

如今关羽败亡，下面这棋怎么下，是他要考虑的问题。他想的是全篇布局。

所以，在刘备想着要提兵向吴，为关羽报仇的时候，诸葛亮劝止了他，建议他按兵不动。虽然现在和东吴是血海深仇，但是吴和魏正联合在一起，我们打不过。等他们不和的时候，我们再乘机攻伐。

至于司马懿，关羽之死，他功劳很大。

因为杀掉关羽，孙刘结下血海深仇，此后搏战不休，国力俱各消耗，曹魏真的坐收了渔人之利。这一切，都得自司马懿。

司马懿曾经向曹操建议屯田，然后分化孙刘联盟，就证明司马懿已经是一个合格的、头脑清晰的、有远见的谋士。

诸葛亮的劲敌，如今充能完成，步步升级，即将上线。

建安二十五年（220 年）正月二十三日，曹操死，享年六十五岁。

曹丕的时代开始了，司马懿的时代也开始了。

大汉延康元年（220 年）十月二十九日，和诸葛亮同岁的汉献帝刘协脱下龙袍，曹丕受禅登基，定国号魏，建都洛阳，改元黄初。

汉朝已死，有事烧纸。

公元 221 年 4 月，刘备在成都称帝，国号汉，表示继承东汉皇朝的道统，年号改为章武。不久刘禅被立为太子。

其实刘备不大愿意称帝，诸葛亮苦口婆心劝他称帝。

诸葛亮说：

"当年光武帝刘秀的臣子劝他称帝继承汉家基业之时，他也是连续推辞，不敢领受，于是有人就说：'现在天下有很多英雄敬仰您的信义，希望能够跟随您实现自己建功立业、封妻荫子的理想。现在您如果不称帝，那么这些失望的人就会离开，另寻能实现他们愿望的君主。'光武帝认为这话有道理，就接受了劝谏称帝。

"现在曹氏篡夺了汉家江山自称皇帝，天下失去了合法的领导人，汉中王您是刘汉皇室的宗亲，承继刘氏的天下，继位为帝是理所应当的。而将士们追随大王您长期征战，任劳任怨，也都是怀着青史留名的理想罢了！"

于是刘备称帝，诸葛亮以丞相尚书事，假节——诸葛家族自先祖司隶校尉诸葛丰之后，再次拿到了有着"如朕亲临"意味的符节。

争了半天，荆州还是被孙权抢跑了，顺带着二弟也被杀了。

这口气刘备是咽不下的。

要复仇，要夺回地盘！要打跑孙权，占了他的东吴！

蜀汉章武元年（221年）六月，刘备欲为关羽报仇，出兵伐吴，让张飞从阆中出兵江州。

其实此举不智。但是赵云劝谏，刘备不听；诸葛亮劝谏，刘备还是不听。他一定要打。

刘备称帝后，迁张飞为车骑将军，领司隶校尉，封西乡侯，兼阆中牧。

张飞在阆中，听说二哥被害，白天黑夜哇哇地哭，先是下泪，继之以血，血湿衣襟。

众将劝他喝酒解愁，谁知他喝醉了更加愤怒，将校有犯过错的就鞭抽棒打，有不少人被他活活抽死打死。

他天天望着东吴所在方位切齿痛恨，眼如铜铃，虎目堕泪，放声长号，不可劝止。

这天，他受命攻打东吴，又犯了牛脾气，严令帐下两员将官范疆、张达三日内置办齐全白旗白甲，他要挂着孝去打孙权。

范疆、张达哀告，说一时筹备不齐，请宽限两日。张飞大怒，把他们绑在树上，一顿狠抽。抽完了还不算，命令他们第二天就得办齐，否则杀他们示众。

这两个人被打得满嘴流血，又想着备办不齐，也是个死，反正他杀我，不如我杀他。

这天晚上，张飞又喝得大醉，睡在帐内。这两人夜里藏了短刀，摸了进来，到了床前，看见张飞须竖目张，本来不敢动手，却又听见鼻息如雷，这参着胆子，走到跟前，短刀刺腹，张飞大叫一声而死。

刘备得知张飞也死，长叹一声，举目四望，自觉悲凉之雾，遍披华林："噫！飞死矣。"

第三节　一万个没想到

诸葛亮论为将之道：

夫将材有九。

道之以德，齐之以礼，而知其饥寒，察其劳苦，此之谓仁将。

事无苟免，不为利挠，有死之荣，无生之辱，此之谓义将。

贵而不骄，胜而不恃，贤而能下，刚而能忍，此之谓礼将。

奇变莫测，动应多端，转祸为福，临危制胜，此之谓智将。

进有厚赏，退有严刑，赏不逾时，刑不择贵，此之谓信将。

足轻戎马，气盖千夫，善固疆场，长于剑戟，此之谓步将。

登高履险，驰射如飞，进则先行，退则后殿，此之谓骑将。

气凌三军，志轻强虏，怯于小战，勇于大敌，此之谓猛将。

见贤若不及，从谏如顺流，宽而能刚，勇而多计，此之谓大将。

（《将苑》诸葛亮）

又论：

将不可骄，骄则失礼，失礼则人离，人离则众叛；将不可吝，吝则赏不行，赏不行则士不致命，不致命则无功。无功则国虚，国虚则寇实矣。孔子曰："如有周公之才之美，使骄且吝，其余不足观也已。"（《将苑》诸葛亮）

关羽是对上犯了骄横的毛病，张飞是对下犯了骄横的毛病。结果是两个人都丧身失命。

就像推倒了多米诺骨牌，关羽之死间接导致张飞之死，关羽和张飞之死又直接导致了刘备大举出兵。

公元 221 年 7 月，刘备御驾亲征，孙权奋起应战。

刚开始，刘备大军如同利箭，深入吴境，如入无人之境。

但是吴军扼守要地，死不出战，蜀军只好在巫峡、建平至夷陵一线数百里地上设立了几十个营寨。结果被陆逊逮住空子，趁着蜀军长期在潮湿闷热的环境下备战，士气低迷，一把火烧了刘备的七百里连营。

整个蜀军大营全线崩溃，刘备侥幸逃得一命，入了白帝城。

经此一役，刘备几乎全军覆没，阵亡数万士卒。刘备仅以身免。

蜀汉元气大伤。

这就是三国三大战役之一：夷陵之战。

当初官渡之战，曹操一把大火烧了袁绍的乌巢粮仓；赤壁之战，孙、刘联军一把大火烧了赤壁；如今夷陵之战一把大火烧得刘备落荒而逃。

虽然东吴胜利，但是投入兵力太多，实力也大大受损。孙权遣使议和，刘备心力交瘁，同意停战。

诸葛亮和赵云都是反对刘备东征的，整个夷陵之战中，因为赵云当众反对刘备伐吴，被刘备派往江州督军事后勤。

诸葛亮则要留在成都主持蜀汉政局，负责战事后勤。

魏延驻守汉中，北拒曹魏。

马超镇守蜀汉西北方向，防止羌氏的叛乱。

至于法正、黄忠等人，不是被杀，就是病亡。

所以，刘备带着新降的益州集团的将领打了这么一场虎头蛇尾但又轰轰烈烈的仗。

他不能带他的旧班底，他要把他的旧班底，尤其是诸葛亮和赵云等人，留给儿子刘禅。如果新投降的将领坐镇后方，无论他此战胜与不胜，估计他都会害怕回来之后，蜀汉再也不是他的地盘。

所以，诸葛亮必然坐镇成都，主持大局。只有他有这个能力，而他也能获得自己绝对的信任。

至于他带这些原来刘璋阵营中的将领作战，未必不存着以光明正大的手段消耗和削弱他们力量，以确保蜀汉以后政局平稳的心。毕竟他岁数大了，要替儿子着想。

他不会故意输了这一仗，不过，他可以通过这次作战，磨合这些将领和蜀汉的关系。胜了，论功行赏，派出去外地做官。

结果，竟然是败了。

没想到啊没想到，一万个没想到。

《三国演义》里有一个特别好的情节，说的是东吴的陆逊率军追袭刘备残部不舍，结果被困于迷宫八阵图中。

陆逊进阵，"忽然狂风大作，一霎时，飞沙走石，遮天盖地。但见怪石嵯峨，槎枒似剑；横沙立土，重叠如山；江声浪涌，有如剑鼓之声"。

陆逊大惊："中诸葛亮的计了！"

左冲右突，出不去。正急得团团转，一个老人忽然出现，带他们出阵。自我介绍说是诸葛亮的老丈人黄承彦。这是他家女婿布的八阵图："反复八门，按遁甲休、生、伤、杜、景、死、惊、开。每日每时，变化无端，可比十万精兵。"还嘱咐他，以后如果有东吴的人入阵，别管他们。结果他平生好善，不愿意多死人，就把他们领出来了。

陆逊回营感叹："孔明真卧龙也！吾不能及！"下令班师。

这是《三国演义》的情节，真实情况是陆逊怕曹魏趁机攻击，不得不退兵。

东征大败，诸葛亮在成都感叹："如果法正还活着，一定能够劝阻陛下东征。就算陛下执意东征，只要法正随在身边，也不会让陛下全军覆没。"

天不佑蜀汉，在刘备称汉中王的次年，法正就得病去世了。

第四节　股肱

法正这个人除了心胸狭窄、有仇必报外，智计谋略方面，是诸葛亮都首肯的。

有人曾提出这样一个假设，如果法正不早死，刘备称帝后，丞相之位会是谁的。

论先来后到，诸葛亮先来，法正后到。当然这种论法肤浅了些。

论智谋，他们两个可以打平手。

论行政，诸葛亮远胜法正。益州法纪废弛，是诸葛亮力主采取严刑峻法，收到奇效。而且执法严而公平，非常有人望，这一点法正比不了。

论带兵打仗，诸葛亮没问题，他既能给主公出谋划策，也能够自领军队。除了不会骑马上阵、舞刀弄剑，总揽纲领、谋划调度，统统没问题。

所以，从综合实力来说，诸葛亮是远胜法正的。

刘备曾经评判过这两个人：诸葛亮为股肱，法正为谋主。也就是能支撑自己的，是诸葛亮；给自己出主意的，是法正。

那么，就算法正活着，诸葛亮也仍旧是丞相之资，丞相之位。

确实，如刘备所说，诸葛亮是股肱。他的长才，并不是人们通常认为的"智多近妖"，而是抓大局，有极为长远的战略眼光。

三国争霸，拼的是综合实力，而不是战场上一时一地的胜败得失。

曹操为什么能一统北方？就算他有再厉害的军事才能，也得有强大的经济基础。他在北方实施屯田是根本。

诸葛亮治理益州，也特别注重农业问题。

从公元214年进入成都，到公元227年开始北伐，十几年的时间，诸葛亮一直集中精力治理蜀汉。

诸葛亮治理的重点没有放在世家大族身上，而是放在贫弱百姓身上。

他"惟劝农业，无夺其时，惟薄赋敛，无尽民财"，就是保证农民的生产时间，轻徭薄赋，减轻农民的负担。

他要求官员不得占用农民的耕种和收割时间，保证农民有足够的时间打理农田；还要求对农民减税，防止各级官吏勒索农民，防止豪强过度地兼并土地。

还将农民的时间分为平时和战时。平时"务农殖谷，闭关息民""闭境劝农，育养民物"。战时则"休士劝农""兵农合一"。战争间歇，仍旧抓紧时间促生产。

战国时期，李冰在成都平原修建了都江堰，使得成都平原成了天府之国。刘备到了益州后，都江堰很多水渠堵塞，诸葛亮专门设立"堰官"，负责管理都江堰。还征调一千二百名壮丁，在堰官的带领下，维护、疏通、保卫都江堰。经过治理，成都平原上的粮食产量每亩提高了三十斛左右。

短短几年时间，益州发展迅速，左思在《蜀都赋》里称赞被诸葛亮治理的成都"家有盐泉之井，户有橘柚之园"。

盐铁是重要资源，在西汉时期，盐铁属于官营，东汉时期，朝廷"罢盐铁禁，令民铸铁"。结果贪官污吏和豪强势力却掌握了盐铁的控制权。

诸葛亮在益州重新恢复"盐铁专营"，设立"司盐校尉"，同时还设立"司金中郎将"，专门管理兵器和农器的制造。诸葛亮还建议刘备发布

命令，不准豪强们从事盐铁生产和经营。

诸葛亮还常常到煮盐冶铁的地方视察。有一回，得知临邛地区用最先进的火井煮盐——就是用天然气煮盐，诸葛亮就去视察。为了纪念诸葛亮对火井盐的重视，这种煮盐方式又被称作"诸葛盐井"。他把火井煮盐法在益州大面积推广，大大提高了益州的煮盐水平。

益州的冶铁业一直都很发达。在诸葛亮的关心和努力下，益州更是出现了较大的冶铁中心。当时有一个叫蒲元的官员，是炼铁能手。他制作铁器的手法非常先进，而且保密，造出的刀十分锋利。

诸葛亮还用最好的钢铁打造盔甲，"诸葛亮筒袖铠、铁帽，二十五石弩射之不能入"。

除盐铁之外，诸葛亮还大力提倡蜀地百姓栽桑养蚕，织造蜀锦，结果蜀地"桑梓相连"。又设置专门的官员管理织锦业，职名为"锦官"。

所有这一切，不是谋主干的活儿，是股肱所起的作用。

第五节　被托孤的农夫

蜀汉章武二年（222年）末，刘备病重。蜀汉的汉嘉太守黄元叛变了。

战乱年代，大家都是墙头草，哪边风来哪边倒。

汉嘉矿产资源丰富，老百姓却没有靠着采矿冶铁发家致富，而是变成被地方豪强地主压迫驱使的矿工，饭都吃不饱。诸葛亮治理益州时专门下乡巡察，回来就设置了"司金中郎将"，夺了豪强地主的利，所以他们对诸葛亮怀恨在心，其中包括黄元。

他这一叛，好比给病重的人又加了一重重病。主要兵力都随刘备东征，大部分都魂丧异土，回不来了。

北方有驻守汉中的部队，也不能轻动，这是要防范曹魏偷袭的。

成都自然也有镇守的兵力，但是，如果出动去打汉嘉，别的地方也来造反，直取首都，怎么办？

人心惶惶啊。

偏偏此时诸葛亮赶赴白帝城。成都的千斤坠、守护神走了，黄元大喜，觉得再没有人能克制自己，此时不打，更待何时？

本来黄元反叛之后据城而守，此时却出兵进攻，目标直指成都。

此时，杨洪出来了。刘璋治理益州时，他在刘璋手下做官。刘备定蜀后，任他为功曹。诸葛亮向他征询意见，他认为汉中为益州咽喉，无汉中则无蜀，甚合亮意，于是擢为蜀郡太守，又转益州治中从事。

这次，他力挽狂澜，上报太子刘禅，派他的亲卫队征讨黄元，迎头痛击，把黄元给俘虏了，然后押送成都，当众问斩。

别人那颗蠢蠢欲动的叛乱之心，也被悄悄压了下来。不知道有多少人背后抹把冷汗。

刘备病势日渐沉重，像时光的雨滴打湿的棉花，越来越重。

六十多岁的人，回想一生，戎马倥偬，虽没大本事，却能得人心。虽能得人心，形势比人强。天天躲不完地躲，藏不完地藏。身边那么多人，到最后流水东逝，落花飘零。

二弟死了，三弟也死了，老将黄忠也死了，那么多人都死了。有的死得轰轰烈烈，有的死得憋憋屈屈。千奇百怪的人生，千奇百怪的死法。

到最后，自己这张病床，晃晃悠悠，漂在满是死魂灵的阴河上。

自己死期也到了。

刘备把诸葛亮和刚在永安宫被提拔为诸葛亮副手的李严叫到跟前，看着这个年轻时就被自己挖到身边，跟着自己东征西战一直到现在的小子，眼前似明似暗，心里似悲似喜。喘息一刻，对诸葛亮说：

"你的才干优于曹丕十倍，治国安邦没问题。既然他能当天子，那么，若是刘禅的才干足以让你辅佐，你就辅佐之，如果他没本事，那你就取而代之。"

▲ 白帝城托孤

诸葛亮顿首哭拜，说主公你说哪里话！亮自当竭忠尽力，辅佐幼主，鞠躬尽瘁，死而后已。

章武三年（223）春，先主于永安病笃，召亮于成都，属以后事，谓亮曰："君才十倍曹丕，必能安国，终定大事。若嗣子可辅，辅之；如其不才，君可自取。"亮涕泣曰："臣敢竭股肱之力，效忠贞之节，继之以死！"先主又为诏敕后主曰："汝与丞相从事，事之如父。"（《三国志·蜀书·诸葛亮传》）

他说到了，也做到了，从此他就是刘禅的相父，名为君臣，实如父子。

从此蜀汉天下，唯他为尊。

历来托孤重臣，要么没有好名声，要么没有好结局。

魏国的曹丕将儿子曹叡托付给曹真、陈群、司马懿；十几年后，短命的魏明帝曹叡又把儿子曹芳托付给了曹爽和司马懿。结果却是曹爽被杀，家族被灭，曹操开创的基业也大权旁落，此后的曹魏皇帝基本就是司马氏的傀儡，直到司马炎取而代之，立国为晋。司马懿也成了如假包换的，历史上有定论的权奸老贼……

被东吴孙权临终托孤的诸葛亮侄子诸葛恪，执政之后刚愎自用，最终被杀身灭族。

和诸葛亮一同被刘备托孤的李严，利欲熏心，因贻误军机、欺上瞒下被废黜。

诸葛亮却和他们不同。他没有一丝一毫的谋权篡位的野心，历史上也没有人质疑他的忠诚。关羽也好，张飞也罢，还有赵云，还有他诸葛亮，三国时候，将"忠诚"二字在历史的天空擦得熠熠闪亮，也顺便把自己的名字擦拭得耀眼如同新星。

蜀汉章武三年四月，刘备在永安病逝，诸葛亮亲自扶棺送刘备遗体返回成都安葬，并率群臣为刘备献上谥号"昭烈"。

他的心头悲哀如蚕丝裹着一粒茧，悲痛也抽不尽，茧也挖不出来。

这个茧，就是他和他的先主当初在茅庐一同制定的天下大计。如今先主死了，他觉得自己像一个农夫，挑着柴担，前边的篓子里是一个不解事的孩子，后边的篓子里是一帮失了主心骨的文武群臣。

走在悬崖上，只能往前走，不能往两边看。

第六节　劝降，是找错了对象

《三国演义》有一出戏，特别带劲，讲的是魏国的司徒王朗，在两军阵前，自恃资格老，想劝降诸葛亮。那话叫他说的，好家伙，什么魏主是有德之人哪，称帝是顺天意人心哪，如今你反抗就是逆天理、背人情啊，等待你的只有灭亡的下场啊！我大魏兵雄将广，打你们跟玩儿似的，所以我劝你还是早降了吧，还能封个侯当当。

诸葛亮稀罕他这个侯吗？刘备都想把国交给他了，他都不肯。依照王朗这思路，诸葛亮不是又笨又傻？

也是，如果他不笨不傻，早跟司马懿似的篡位了——他篡位比司马懿可方便多了，司马懿还有曹真、曹爽等曹姓宗室虎视眈眈，他得耗多少脑细胞才能把这些人干下去；但是诸葛亮身边，根本没有什么提得起来的刘姓宗室有力量和他对着干，别的大臣又没有这个脑子。

但是他就是不肯，一心扶保刘备那扶不起来的傻儿子。

孔明坐着他的小车，听了王朗这一番话，一阵大笑："我还以为汉朝的大佬元臣，一定会有高明论调，谁知道说这些傻话！还是听听我的吧！

"过去桓帝、灵帝的时代，宦官酿祸，国乱岁凶。黄巾军作乱之后，又有董卓、李傕、郭汜等接踵而起，劫持汉帝，涂炭生灵。庙堂之上，当官的都是些朽木；殿陛之间，吃俸禄的又都是些禽兽；狼心狗行的东西当道，奴颜婢膝的煞才执政，搞得社稷如同废墟，百姓个个倒霉。

"我早就知道你是什么德行：你家世代住在东海之滨，开始是举孝廉入仕，照理应当辅佐君主，安汉兴刘，没想到反助逆贼，同谋篡位！罪恶深重，天地不容！天下之人，愿意一片一片剐了你吃肉！

"如今幸好天意不绝汉室，我昭烈皇帝继位统一西川。我现在奉了继任君主的旨意，提兵讨贼。你既然当了人家的狗奴才，只应该缩起头来，乖乖地吃你的狗饭，怎么敢在大军面前，妄称天数！

"你这皓首匹夫！你这苍髯老贼！你马上就要死了，九泉之下，有什么脸面见二十四帝？快快给我退下，让反臣和我共决胜负！"

王朗听罢，气满胸膛，大叫一声，撞死马下。《三国演义》还特别录了一首诗："兵马出西秦，雄才敌万人。轻摇三寸舌，骂死老奸臣。"

事实上，武乡侯骂死王朗是不存在的。

刘备死后，公元 223 年 5 月，蜀汉太子刘禅继位，改年号为建兴，丞相诸葛亮被封为武乡侯，领益州牧。

虽然诸葛亮骂死王朗不存在，但是王朗劝降诸葛亮是存在的。

自从刘备死后，诸葛亮都来不及为这个老领导、老朋友伤怀，就有事情纷至沓来。

曹魏阵营不约而同看准了诸葛亮这个香饽饽，这个给他写信，那个也给他写信，不同的人写来的信，都有一个共同的主题：过来吧，来我们这边。

俗称：劝降。

劝他投降的人里面，就有位高权重的司空王朗，还有历史上有名的华歆。另外，还有曹丕托孤的重臣陈群……

有的许给他高官厚禄，有的吓唬他不投降就灭了他的蜀汉，有的神神道道说是大汉气数已尽，良禽当择木而栖，有的还攀亲戚拉交情，打算靠亲情勾搭诸葛亮到他们阵营。

诸葛亮都没有答应。

他走了，自己身后这个懵懵懂懂的小皇帝怎么办？阿斗对他绝对地仰赖和信任，除了像祭天地祖宗这类的活儿需要皇帝亲自出马，别的事情，再大也归诸葛亮管，由他决断和处置。

他走不得。

不但没走，还写了一篇文章《正议》，其中有一段是这样说的：

"昔日西楚霸王项羽，不以仁德对待百姓，即使力量强大，有帝王的威势，最终还是身败名裂，成为千古遗恨。如今魏国不吸取项羽灭亡的教训，反而去追求效仿，即使曹操有幸不死，他的后代子孙也必然要灭亡的。

"那些写书劝降我的人，他们一把年纪了行事却顺从贼子之意，就像当年陈崇、孙竦称赞王莽篡汉一样，讨好盗贼，却还是被盗贼逼迫而死。

"光武帝创业时，率领几千人就在昆阳郊外一举击溃敌军四十万。足见以正道伐淫邪，胜败不在人数。曹操诡诈，纠集十万人来战先帝，却只落得狼狈逃窜，不但辱没了精锐之师，还丢掉了汉中，此时他才知道，国家是不能随便窃取的，没等他退兵回到家，就已染病身亡。

"曹丕骄奢淫逸，篡夺帝位。即便你们几个像张仪、苏秦那么能诡辩，说得天花乱坠、滔滔不绝，也不可能诋毁尧舜，白白浪费笔墨而已，正人君子绝不会这么做。

"《军诫》中说：'如果一万名士卒，抱着必死的决心，那就可以天下无敌了。'昔日轩辕黄帝率领几万士卒，还能击败四位帝王，平定天下。何况我们有几十万兵马，是在替天行道，讨伐有罪的人，那谁还能够与我们匹敌呢！"

这篇《正议》，义正词严，狠狠打了王朗、华歆、陈群等劝降人的脸，也打了曹魏的脸，算得上一篇讨魏檄文。

罗贯中干脆给王朗做了一个艺术处理，把他拉到前线，当了诸葛亮的靶子，被诸葛亮的唇枪舌剑反杀，骂得他"大叫一声，坠马而死"。

总之，王朗劝降诸葛亮，实在是找错了对象。

第七节　该出手时才出手

除了诸葛亮像一个大美女一样，被许多人勾搭，蜀汉治下也不太平。

今天的云南、贵州和四川西南部，在三国时期蜀汉治下，统称南中。

刘备称帝后，逐步开拓疆土，其中包括开拓南中地区，因为这里可以被看作是蜀汉的大后方，如果想要北进中原，它可以为蜀汉提供有力保障。

刘备开始派人对南中各郡实施统治，但是当时的南中大姓拥兵自重，刘备派去的人无法深入南中境内。后来孙权也开始争夺南中，把前益州牧刘璋的儿子推上前台招揽旧部，希望搞点破坏，削弱蜀汉对南中的控制力。

刘备去世前后，南中大姓和夷帅就开始反蜀割据，以雍闿、高定为首的豪强公开联合少数民族头领孟获等势力竖起反旗。

所以诸葛亮甚至没时间为刘备的死伤心。

作为一国丞相，他有一点做得很过分，就是特别喜欢凡事都亲力亲为。

他的副手，一个叫杨颙的，是丞相主簿、丞相东曹属，看不过去了。他眼看着诸葛亮连文书簿册都要亲自校对考核，直言相劝：

"有一个人，派奴隶耕种，婢女烧火煮饭，让公鸡早上报时，让狗警惕盗贼，用牛来负重，用马来载人长途跋涉，结果啥事儿都好好的，他每天悠然自得，只等着张嘴吃饭就好了。突然有一天，他想自己干这些事儿，结果累得要死，乏得不行，却一件也没干成。不是他的智力不够，是因为他违背了一家之主的原则。

"所以古人称：'坐着谈论道理的人为三公，起身去做事的人为卿大夫。'邴吉不去理会路上的尸体，而担心牛因热而喘气，陈平不会回答关于国家赋税的问题，说：'自然会有人负责。'他们都尽到了自己的职责。如今您治理国家，亲自考核文书簿册，整天辛苦流汗，不也是十分辛劳吗！"

诸葛亮虚心接受，坚决不改。

没办法，他就是这么一个脾气，就是一个事无巨细都要操心的性子。

孙权又在暗地里搞小动作。

诸葛亮如今位高权重，身系国之安危，他也确实不能再亲自前往东吴，于是就派了邓芝去。

邓芝到了东吴，孙权欺负蜀汉国主年幼，国势困顿，如果曹魏乘虚来攻，整个国家都得歇菜，所以对他爱搭不理。

邓芝说："吴蜀两国如果国力结合，就能拥有四州之大。大王您不用说了，是有名的英杰；可我们诸葛亮也不是孬种，难道您还没有领教过他的厉害吗？不要说我们国势困顿的话，我们国家有重险可守，你们东吴有三江可阻隔。这两大长处相结合，足以使我们成为唇齿相依的亲密关系，进可图天下，退可各自称王。

"大王您可想好了，如果您要向魏称臣，他要你入朝去拜他，你是去还是不去？去了被扣了怎么办？如果你不去，那他又会要求你把太子送过去当质子，你是让儿子去还是不让儿子去？让太子去了，您的国本怎么办？不让太子去，他来打你怎么办？如果他发兵打你，那可别怪我们国家不客气，那是一定会打顺风拳的。那样的话，锦绣江南之地，可就不姓孙了。"

孙权听了，思量半天，有道理。于是孙权不再支持南中的亲吴暗势力，同时也和魏断了外交关系，和蜀汉又亲密联系在了一起，派大臣来蜀国友好访问。

——关羽死在东吴手里，张飞因关羽而死，刘备为他两个兄弟报仇，又被东吴打败而死。

如今，两家又粘在一起。所以说，在政治上，没有永远的朋友和敌人，只有永远的利益。

诸葛亮明了大势，所以不会讲和东吴不共戴天的屁话。

一方面结好东吴，一方面抓紧民生大计。"薄赋敛，无尽民财"，想办法减轻农民负担；发展水利，专门设置都江堰的堰官，使成都平原"水旱从人，不知饥馑，沃野千里"；又把盐铁收为国家专卖，打击富商大贾把持盐铁生产的现状；闭关息民，使百姓休养生息，尽早从伐吴失败、百业受损的情况中恢复过来。

诸葛丞相在于成都，事无大小，皆亲自从公决断。两川之民，忻乐太平，夜不闭户，路不拾遗。又幸连年大熟，老幼鼓腹讴歌，凡遇差徭，争先早办。因此军需器械应用之物，无不完备；米满仓廒，财盈府库。（《三国演义》）

本来刘备一死，南中就不安分，《三国志·蜀书·李恢传》说："先主薨，高定恣睢于越巂，雍闿跋扈于建宁，朱褒反叛于牂柯。"

但是三年后，诸葛亮才开始着手南征。

就是因为要先把自己的国力提升上去，才有力气出重拳把那些家伙揍趴下。光知道养肥自己而自给自足，是不会有出路的，顶多会被人看作人人夺而食之的肥羊而已。

你以为诸葛亮肯当肥羊吗？如果是刘璋，也就当了；如果是刘表，也就当了。但他是诸葛亮。

第八节　抓六放六

公元 225 年，诸葛亮兵分三路，南中平叛去也。

魏延、赵云、吴懿等蜀国老一辈的大将都没有参加，连担任过越巂太守的马谡也没有参加。说到底，这不过是一场平定偏远地区叛乱的中小型战役，所以不带这些宿将们玩儿。《三国志》对它的记述也挺简略。

但是，就是这次小的战役，流传下来"七擒孟获"的故事。

诸葛亮大军来到益州郡后，采用离间计很快就打败了雍闿。但南方彝族的首领孟获却在兵败后趁机逃走，并收服雍闿残部继续祸乱南方。

诸葛亮打算发兵攻打孟获，但是马谡曾经劝谏诸葛亮，说南中之乱由来已久，就算现在平定，不久又会有新的叛乱发生，皆是人心不服的原因。而孟获深受当地人敬仰，类似于封神一般的存在，所以，最好是攻心为上，攻城为下，收服孟获，方是正理。

诸葛亮本着收服孟获的想法，一连抓了他七次，放了他七次，放到最后，他自己都不跑了。

第一次抓到孟获，他不服："山太偏了，路太窄了，你太狡猾了，我不服！"孔明说："好，我放了你，再把你抓来，你要降我。"孟获说好。

第二次孟获没有被诸葛亮生擒活捉，而是被他的两个部下给抓了献给了诸葛亮——诸葛亮抓了这两个人后，又放了他们，他们感念诸葛亮恩德，所以抓了孟获来报恩。诸葛亮问他服不服，孟获说："我不服，这是我们内讧，不是你的本事。"好吧，诸葛亮说："我再放你回去，咱们再打。"

孟获虽然是个"莽夫"，但是心眼颇多，回到寨里，先杀了这两个部下，然后派弟弟孟优带上人马去投诸葛亮诈降，被诸葛亮识破，一通药酒款待，都被迷倒了。等孟获提兵前来会合弟弟准备大开杀戒时，发现自己又中套了。

孟获被捆到诸葛亮跟前，诸葛亮问他服不服？孟获说："我不服，这是我弟弟贪酒误事，不是你的本事。你放我回去，咱们再打，打输了，我投降。"诸葛亮说："好。"连他兄弟一块儿放了。

于是，孟获又挑了个吉日良辰，引大队蛮兵，来跟诸葛亮决一死战。哪知道诸葛亮早早撤了，只留下空寨，诱他入彀，一举擒了。这回孟获该降了吧？不，他还是不肯，一推六二五："我不如你心眼多，中了你的诡计，我人服心不服！"

"好，"诸葛亮说，"我再放你回去，咱们继续打。"

结果放回去了，他不打了，躲进一个叫秃龙洞的地方，仗着有四个毒泉堵住诸葛亮的路，让他过不来。如果强过，一定会喝这些毒泉的水，一喝必死！

南方的深山老林，正是六月的暑热炎天，诸葛亮等孟获来战他却不来，于是他带兵去找孟获打架。果然人马被毒泉所毒，凡喝了哑泉水的，皆口不能言。诸葛亮却得山神指引，说有一安乐泉，泉水可解这些毒泉之毒。只是这安乐泉为一个叫万安隐者的高士所有，需要向他求助。

诸葛亮按照指点，去找这位高士，不但解了水毒，还得了避水毒的法子。孔明请问此人姓甚名谁，原来是孟获的哥哥孟节，他因看不惯兄弟做派，隐居此地。

诸葛亮这边刚解决了饮用水问题，那边孟获又被人绑了送来，原来诸葛亮怀仁，放了别的叛乱的洞主，人家也是感念诸葛亮恩德，所以报恩来了。

这下子，孟获更有理由表达不服了："非汝之能，乃吾洞中之人，自相残害，以致如此。要杀便杀，只是不服！"

"好吧，好吧。"诸葛亮说，"我就再放你一马。"

这回放了孟获回去，两军正式对垒，孟获的老婆祝融夫人出马，十分悍勇，抓了诸葛亮麾下两员大将；结果第二天再打，孟获的老婆又被诸葛亮抓了。不过旋即又被诸葛亮放了，希望能把两员大将换回来。

结果孟获那边摆阵继续打，而且还有能人呼风唤雨，又驱虎赶狼的。蜀兵吓坏了。

诸葛亮想：这法儿光你会吗？你会使，咱就会破呀。

诸葛亮本来就会搞发明创造的，木牛流马就是他创造出来的。这次对方有真兽，他就做假兽，木头身子钢铁爪，画得五颜六色的，披着五色绒线的毛衣，个儿又大，又会喷烟吐火，倒把那些真狼真虎吓得够呛，于是诸葛亮大胜。

然后，孟获的小舅子押着他两口子和他的一大家子宗族几百口人，都献给了诸葛亮。

诸葛亮眼珠子一转就知道怎么回事了，如此这般，安排一番，等这几百口人来到阶下，大喝一声："给我拿下！"两廊壮兵齐出，两个捉一个，都把他们给严严实实绑起来了。然后再搜身，果然各带利刃，这是要行刺的节奏啊。

"怎么样，"诸葛亮问："这可是第六回了啊。我抓你抓了六回，你服不服？"

孟获："这是我们自己送死来了，不是你的能耐，我不服。"

"好，"诸葛亮断喝一声，"去吧！再抓住你，再乱找理由，绝不轻饶！"

孟获一行，抱头鼠窜。

第九节　死也不反

这回，孟获去投奔乌戈国。乌戈国主兀突骨身长丈二，不食五谷，以生蛇恶兽为饭；身有鳞甲，刀箭不能侵。

尤其值得一说的是，他的手下军士都穿着藤甲。其藤生于山涧之中，盘于石壁之上；国人采取，浸于油中，半年方取出晒之；晒干复浸，凡十余遍，才造成铠甲；穿在身上，渡江不沉，经水不湿，刀箭皆不能入，因此号为藤甲军。

乌戈国主带三万藤甲兵，气势汹汹，来找诸葛亮。

这么一身藤甲穿在身上，让诸葛亮怎么打？砍又砍不动，箭又穿不透。但是诸葛亮就是有办法。

他的办法就是逆向思维。藤甲不是不怕水吗？那就一定怕火啰。

所以，用火攻，没错的。

一番布置安排，把藤甲兵引到山谷里，前后一堵，火药一点，引着干柴，两边伏兵丢下无数火把，一时之间，身上就呼呼地着了。又有引线点着，就地飞起铁炮，"满谷中火光乱舞，但逢藤甲，无有不着。将兀突骨并三万藤甲军，烧得互相拥抱，死于盘蛇谷中。孔明在山上往下看时，只见蛮兵被火烧得伸拳舒腿，大半被铁炮打得头脸粉碎，皆死于谷中，臭不可闻"。

孔明哭了："我这一定会折寿啊！"

这就涉及辩证法了：想赢不？想。那就打。打仗就要用手段，用手段就要无所不用其极，无所不用其极就会死很多的人。怎么办？

输了，就是死。赢了，良心不安。

天人交战，就会产生哲学。哲学都是灵魂冲突的产物，各方给各方找出存在的理由，是什么、做什么、为什么的理由。

诸葛亮没有给自己找理由，他认定自己做的是对的，但是他也认定自己做的损阴德，会折寿。但是，重新给他一次选择的机会，他仍旧会这么做。

这回，孟获又栽了。诸葛亮放他他也不走了，不让他降他也要降，因为七擒七纵，从古以来就没有过。

铁了心地服了，踏踏实实地服了，头也不回地服了。

出乎所有人意料的是，孔明让孟获永为洞主，所夺之地，也都退还给他。

大家都想不通，为什么不在这里设置自己的官吏，和孟获一同掌管此地呢？

诸葛亮说，这样做有三不好：

"留外人则当留兵，兵无所食，一不易也；蛮人伤破，父兄死亡，留外人而不留兵，必成祸患，二不易也；蛮人累有废杀之罪，自有嫌疑，留外人终不相信，三不易也。"

所以，诸葛亮也不留人，也不往这儿运粮，只求一个和南中相安无事。说白了，就是"一国两制"。

诸葛亮要留出精力去打曹魏。

回程路上，诸葛亮发明了馒头。

《三国志》记载，说诸葛亮平南中回到泸水，风浪横起，兵不能渡。

诸葛亮问孟获怎么回事，孟获说是泸水源猖神为祸，要用七七四十九颗人头和黑牛白羊作祭。诸葛亮说，我都回兵了，怎么可以又随便杀人？就命厨房宰牛羊和面做成假人头，有眉有眼，内里裹上牛羊肉馅，起名"馒头"，扔进泸水里，岸上孔明作祭。祭罢，云收雾卷，波浪平息，大军得渡。

那时候的馒头，应该是我们现在吃的包子。

"七擒孟获"是罗贯中以真实事件为内核，掺了大量的想象，煮出的一碗浓香鸡汤。

《三国志》本传里并没有记载孟获其人，他的相关事迹仅在《汉晋春秋》和《襄阳记》等史籍中有记载。"七擒七纵"的最早由来是《华阳国志》，事件过于离奇，大约没有七次之多。但是，俘而不杀应当是有这么一回事的，诸葛亮深得南中民心也是实实在在的。

让南人自治，不等于让他们自生自灭。诸葛亮把南中有本事、有才能的人，选拔到成都任职，还给当地老百姓传授农桑、织锦、建筑、冶炼技术，当时的生活和生产水平得到很大提高。所以当地百姓感念诸葛亮恩德，到了唐代，那里的少数民族还经常修葺当年诸葛亮盟誓时所立的碑文，上有"此碑即仆，蛮为汉奴"字样。

还有稀罕的，说是清末基督教跑到西南地区传教，结果传不下去。当时百姓只认诸葛亮为神，别的都不是他们的菜。传教士没奈何，就说："世界是上帝创造的，上帝有两个儿子，大儿子叫诸葛亮，小儿子叫耶稣。原来是诸葛亮管你们的事儿，现在轮到耶稣管你们的事儿啦，你们信教吧，耶稣会保佑你们的！"

民国时期，章太炎在《思葛篇》中记载："云南、缅甸俚人，皆截发以为三撮，中撮以表武侯，左右以表父母。每饮茶，必举杯至额，以示祭报。其能汉语者，至称武侯为诸葛老爹。"

归顺蜀汉的南人中，有佤族人中的卡那曼卷部落。一千多年后，英国侵略者派兵侵占佤族部落地区的银矿，班洪王与班佬王邀集周围部落，效忠他们最尊崇的"阿祖阿公"——诸葛亮，组成武装，抗击英军。这就是有名的"班洪事件"。

傣族房子顶部造型模仿的是诸葛帽，普洱一带奉诸葛亮为茶祖，南中地区还有"诸葛山""孔明山"。佤族最为著名的石板烤茶叶也和诸葛亮有关。

诸葛亮抽调了南中的精锐士兵组成了特种部队"无当飞军",为以后的北上伐魏大业立下汗马功劳。这些士兵擅长翻山越岭,诸葛亮造出的诸葛连弩在他们手上如虎添翼。野外奔袭他们不怕,防守作战他们不怕。他们只怕一个人:诸葛亮。

诸葛亮南征之后,史书上写了八个字:"终亮之世,夷不复反。"

第一次北伐兮败了

第一节　你乖乖的，我去给你打江山

建兴五年（227年），诸葛亮喜得贵子。他给儿子起名诸葛瞻。

这年，他四十六岁。

青年出山，一路殚精竭虑，不知不觉到了这把年纪。

在那样的年代，那样的年岁已经算是高龄；就是放在现在，过快的生活节奏也使人们在四十多岁的时候感觉到心力交瘁，甚至巴不得退休了事。

但是诸葛亮不能退休。

他甚至都顾不上这个亲生的儿子。因为他还有一个"大儿子"需要操心扶持。

阿斗继位那年十六七岁，除了皇帝必须出席的场合之外，一切军国大事都委托诸葛亮操持。他对相父保持绝对的信任，他也对自己的生活保持绝对的欢乐自在。

而他的欢乐自在，建立在相父对他的无微不至的呵护上面。诸葛亮化身手杖、雨伞和广厦，扶持他、保护他、安顿他。

如今，为了他，诸葛亮又要张罗北伐。

此时，曹丕刚死，曹魏新帝曹叡即位，司马懿仍旧是托孤重臣。两个命中注定的对手，经过犬牙交错的各自遭际，如今，要各率大军，碰撞在一起。

临行前，面对懵懵懂懂的故人之子，想起遗恨归天的先帝，诸葛亮满心的不舍，凝聚成一篇照耀千古的文字：

出师表

先帝创业未半而中道崩殂，今天下三分，益州疲弊，此诚危急存亡之秋也。然侍卫之臣不懈于内，忠志之士忘身于外者，盖追先帝之殊遇，欲报之于陛下也。诚宜开张圣听，以光先帝遗德，恢弘志士之气，不宜妄自菲薄，引喻失义，以塞忠谏之路也。

宫中府中，俱为一体，陟罚臧否，不宜异同。若有作奸犯科及为忠善者，宜付有司论其刑赏，以昭陛下平明之理，不宜偏私，使内外异法也。

侍中、侍郎郭攸之、费祎、董允等，此皆良实，志虑忠纯，是以先帝简拔以遗陛下。愚以为宫中之事，事无大小，悉以咨之，然后施行，必能裨补阙漏，有所广益。

将军向宠，性行淑均，晓畅军事，试用于昔日，先帝称之曰能，是以众议举宠为督。愚以为营中之事，悉以咨之，必能使行阵和睦，优劣得所。

亲贤臣，远小人，此先汉所以兴隆也；亲小人，远贤臣，此后汉所以倾颓也。先帝在时，每与臣论此事，未尝不叹息痛恨于桓、灵也。侍中、尚书、长史、参军，此悉贞良死节之臣，愿陛下亲之信之，则汉室之隆，可计日而待也。

臣本布衣，躬耕于南阳，苟全性命于乱世，不求闻达于诸侯。先帝不以臣卑鄙，猥自枉屈，三顾臣于草庐之中，咨臣以当世之事，由是感激，遂许先帝以驱驰。后值倾覆，受任于败军之际，奉命于危难之间，尔来二十有一年矣。

先帝知臣谨慎，故临崩寄臣以大事也。受命以来，夙夜忧叹，恐托付不效，以伤先帝之明，故五月渡泸，深入不毛。今南方已定，兵甲已足，当奖率三军，北定中原，庶竭驽钝，攘除奸凶，兴复汉室，还于旧都。此臣所以报先帝而忠陛下之职分也。至于斟酌损益，进尽忠言，则攸之、祎、允之任也。

愿陛下托臣以讨贼兴复之效，不效，则治臣之罪，以告先帝之灵。若无兴德之言，则责攸之、祎、允等之慢，以彰其咎；陛下亦宜自谋，以咨诹善道，察纳雅言，深追先帝遗诏，臣不胜受恩感激。

今当远离，临表涕零，不知所言。

这篇前出师表区区数百字，写不尽牵肠挂肚，教刘禅要广开言路，亲贤臣，远小人，赏罚严明。

不久，在诸葛亮第二次北伐临行之时又呈上了一篇满含忠贞壮烈之气的《后出师表》，文中"臣受命之日，寝不安席，食不甘味"这十三个字，是诸葛亮这么多年来一直的生活状态。没有谁是真的神人，只有算无遗策的聪明人，肯动脑筋，会动脑筋。可是大脑整日高速运转，能睡得着、吃得香才怪。

当初日上三竿尚且高卧不起的卧龙，如今日日忙于施云布雨，煎熬寸心。他是肉身的人，不是成圣的神。这样的生活状态，真的很可怜。

他说："先帝知臣谨慎。""谨慎"是他的最大特点。一次次的兴兵打仗，打仗前，自家兵员多少，粮草如何，谁适合做前锋，谁适合做策应，你去哪里埋伏，你去哪里布疑阵，这边哪里有条宽多少丈的河，那边哪里有一个山坡、一块密林，都种种参虑周详，烂熟于心。

治政时，哪个领域宜宽，哪个领域宜严，哪个人需要重用，哪个人又需要调整，哪里需要采取什么样的政策，都需要他去操心。他甚至谨慎到亲自查阅花名册之类的小事。

因为谨慎，所以他要出征，就一切都给阿斗安排好，告诉他要把宫里和朝中一碗水端平，甚至给他提供好几个值得重用的人，包括侍中、侍郎郭攸之、费祎、董允等人，还有将军向宠。说到底，千叮万嘱的，就是想让阿斗亲贤臣、远小人。

越写越想起来自己当初躬耕南阳，想起来刘备对自己的厚待与厚望，想起这些年的东征西战，临危受命，不知不觉，二十一年过去了啊。

这么久了，身上的担子还不敢卸、不能卸，因为使命还没有完成。如今要远行，禁不住面对奏表热泪纵横，他要离这个"大儿子"远远的了，希望他在家里好好的、乖乖的，坐稳自己给他南征北战打下来的江山。

第二节　姐夫被杀

此时要说一个叫孟达的人。

当初关羽被东吴围困，曾经向刘封和孟达求援，却被刘封和孟达拒绝。关羽战败后，孟达害怕受惩治，干脆率领部曲四千余家投降了曹魏。

冰冻三尺，非一日之寒。一个人的投降和背叛，有时候也会有一些外部的原因。

当初，建安二十四年，刘备占了汉中之后，命令孟达从秭归北攻房陵，房陵太守蒯祺被孟达手下的兵给杀掉了。

本来是孟达单独领兵攻打房陵，蒯祺被杀后，刘备却派养子刘封去统率孟达的军队，剥夺了孟达的军事指挥权，孟达成了刘封的部下。

平定三郡以后，降将申耽、申仪都有封赏，刘封也升了官，孟达却没有得到封赏。很不公平。

蒯祺是诸葛亮的大姐夫。不能不说，这大约是刘备如此处事的一个原因。

——他再怎么清如水，明如镜，仁厚待人，但他也一定会对诸葛亮优先爱护。

孟达杀蒯祺后，《三国志·蜀书·费诗传》中，降人李鸿有一段话：

> 间过孟达许，适见王冲从南来，言往者达之去就，明公切齿，欲诛达妻子，赖先主不听耳。达曰："诸葛亮见顾有本末，终不尔也。"尽不信冲言，委仰明公，无复已已。

这段话的意思是说，王冲说诸葛亮咬牙切齿，想杀了孟达的老婆儿子，但是刘备不肯。孟达则根本不信这事儿，他说："诸葛亮是个知道事情轻重的人，肯定不会这么干。"

这话不知道真与假。不过，诸葛亮的切齿痛恨应当是真的。孟达其实也吃准了诸葛亮就算再怎么恨自己杀了他姐夫，他也不会像曹操那样乱杀人来报复，去杀了自己的老婆孩子。但是，还是那句话，诸葛亮的恨是真的。

一恨他降魏叛国，但是又理解他是因为被刘封欺负，伤了心。所以这个恨，顶多只有三分，不到切齿的程度。

二恨，就是恨他杀了自己的姐夫。

诸葛亮和蒯祺有什么情分？他是和自己的姐姐情深意重。当年父母双亡，哥哥诸葛瑾早早就离家避乱江东，只有他们姐弟俩相依为命——他诸葛亮不是天外来的人，不懂人间情长。

杀了姐夫，只留姐姐一人，必定孤苦；是只杀了他的姐夫，还是连他的姐姐一起杀了？这个于史无载，如果连姐姐也杀了，就算孟达不是主观故意，诸葛亮也失了血浓于水的手足，还不许他恨一恨、切切齿吗？

而且，蒯、庞、黄、习、马、蔡等荆州大族与外来的刘表及诸葛亮家族之间联系相当紧密，孟达攻杀蒯祺，以诸葛亮为代表的荆州集团不可能一点反应都没有，他的反应和这些大族的反应不可能不影响刘备的决定。

大族惹不得，当年兴平元年，曹操杀陈留名士边让，导致陈宫、张邈叛迎吕布，几乎使曹操丢掉了整个兖州。田余庆先生在《曹袁斗争与世家大族》一文中指出：

> 兔死狐悲，物伤其类，兖州士大夫从边让事件中深感悲哀和恐惧，于是"士林悲愤，人怨天怒，一夫奋臂，举州同声"，以致使曹操"躬破于徐方，地夺于吕布"。显然，这不是个别人兴风作浪，而是站在边让一起的兖州世家大族向曹操发动了突然袭击。

这样的前车之鉴，荆州集团的重要性要远高于孟达的重要性，所以刘备不得不夺了他的军事指挥权，而孟达也不得不受刘封节制。刘封"与达忿争不和，封寻夺达鼓吹"。

被欺负狠了，孟达叛降曹魏。

孟达投降曹魏的时候，曹丕正南巡家乡谯县，在这里他见到了孟达，一看此人文韬武略，举止优雅，心下喜欢，让他与自己同乘一辆车子；然后又重用他，任命他为散骑常侍、建武将军，封平阳亭侯。又把房陵、上庸、西城三郡合为新城，派他做新城太守。

奇怪的是，孟达也同时和蜀汉阵营的两个大拿诸葛亮、李严保持着书信往来。李严特别希望孟达能够回到蜀汉阵营里来，他在给孟达的回信里这样说：

吾与孔明俱受寄托，忧深责重，思得良伴。

——我和诸葛孔明都受先主重托，如今我忧虑日深，责任日重，希望有良朋相伴。

李严为什么这么说？因为他被诸葛亮排挤了。

同为托孤重臣，刘备死前，把永安、白帝城、江州的兵权，大概五万左右的兵力，交给李严带领。因为诸葛亮一定会回成都辅佐幼主刘禅，东边的阵线就要李严把守，以防东吴。

结果诸葛亮于建兴四年（226年）在汉中准备要发兵伐魏的时候，想调李严率军镇守汉中，李严却不肯动窝。

他想尽办法推托，要求划分五个郡作为巴州，让他担任巴州刺史。诸葛亮没有答应他。

在此之前，李严曾经劝过诸葛亮应该受九锡，怂恿诸葛亮晋爵称王，诸葛亮也没听他的，不像董卓或者曹操那样，加了九锡，称了王，赫赫扬扬，天子见了他们，如老鼠见了猫。

这样一来，诸葛亮和李严两个人就渐行渐远。

第八章　第一次北伐兮败了

181

第三节　更胜一筹

李严心里不高兴，想着让孟达回来，给自己添个助力，做个联盟。

而曹丕死后，新朝天子新朝臣，孟达这个降将受了排挤，和同僚也合不来，新走马上任的顶头上司司马懿也不重视自己，他心中恐慌，也正思量着给自己谋出路。

左思右想，既然李严希望自己回去，想必自己回去也会得到重用。而看诸葛亮信中的意思，对自己也并无恶意。所以，回去吧。

他把自己的意思写信告诉了李严和诸葛亮，李严不用说，诸葛亮费了思量：让他回来?

孟达如果回归，他占领的位于沔水上游的东三郡，可以直归蜀汉。这样一来，联合下游的东吴，水军可以直逼曹魏的襄阳、樊城。

诸葛亮的隆中对，其中就有一条"一向宛、洛，一出秦川"，本来以为再无机会，但是孟达如果回归，这个梦就可以圆起来。

但是，孟达回归的话，李严和孟达同属东州集团，李严多了臂膀，和自己及背后的荆州集团争权夺位、分庭抗礼，朝廷动荡，自己的施政方针就不能顺利实施。所以，颇费思量。

与其朝廷动荡，自己不能"一手遮天"，不如让孟达死。他死了，自己带领蜀汉坚定地朝着既定目标前进，总会找到别的路走。

所以，孟达，你死了比活着好，不回来比回来好。

不过，就算要让孟达死，也要让孟达发挥完他的余热再死。

诸葛亮给孟达写信：

"孟达呀，前不久与李鸿在汉阳见面，得知你的消息，我慨然长叹，才明白了你的平生志向。孟达呀，那时候确实是刘封欺凌你，伤了先主礼待高士之义，所以，你怕被迫害，才去了曹魏，这些我都能理解。想起我们过往的情分，我对你的思念俱增。我在这里，盼你回来。"

所以说，政治家的话，信一半，还有一半不能信。

这个时候，一个从蜀汉来的人，叫郭模，投降曹魏，受到了申仪接待。

申仪有个哥哥，叫申耽，当初和孟达同一个阵营，都曾经是蜀汉的官。

建安二十四年，刘备命令孟达北攻房陵郡，曹魏的房陵太守蒯祺就是这个时候被孟达大军攻杀的。

接着，孟达又要进攻上庸郡，刘备派刘封从汉中前往统领孟达军，会师上庸。当时申耽是曹魏任命的上庸太守。他率领全郡投降，将妻儿及宗族都迁往成都做人质，刘备任命他为征北将军。申仪也被刘备封为建信将军、西城太守。于是，这哥俩就和孟达成了同僚。

魏黄初元年（220 年），孟达降魏，然后申仪也率军叛乱，申耽怕受牵连，无奈之下，和弟弟一起投降了魏国。

同样是降魏，孟达备受曹丕礼遇和爱重，申耽却因为是被迫投降，被曹丕夺了军政大权，给他一个怀集将军的称号，让他闲散在南阳居住，还夺了他的爵位。

申耽和申仪哥俩对孟达是一样的态度，都是看不上。

郭模受到了申仪的接待，喝酒喝到醉。真醉假醉不知道，申仪发现郭模带着诸葛亮送给孟达的礼物：一块玉玦、一片织成、一块苏合香。

玉玦，玦，"决"之意。织成，布已织成，意思是计谋已成。苏合香，合，是合谋。

申仪马上派人报告了司马懿。他根本没有想到，郭模是诸葛亮派去的。这事明明白白记在了《晋书·宣帝纪》里。

司马懿马上给孟达写信："听说诸葛亮让郭模给你送了一块玉玦、一

片织成和一块苏合香。"

吓孟达一跳。

不过，司马懿马上又跟他打感情牌："当年将军投奔我大魏，我大魏也委将军以重任。"然后表明自己不相信孟达里通外国："郭模带的信如此重要，怎么可能轻易泄露？可见这是诸葛亮使的离间计。"

这么一说，孟达又放心了。

还是那句话，政治家的话不能信。

孟达给诸葛亮写信，说宛城距离洛城八百里，距离他镇守的上庸一千二百里。就算司马懿听到他反叛的消息，还要上奏给天子，然后天子再下令给他，让他剿灭。这样一来一回，起码也得一个月的时间。

"在这段时间里，我已经把城池加固完毕，物资补充完毕。我镇守的地盘又深沟险壑，深有地利。司马懿任重身繁，肯定不会亲自来。他不来就好办，别人谁来我都不怕。"

但是，他没有想到的是，司马懿真的就亲自来了！

而且八天就到了！

诸葛亮用了离间计，司马懿用了缓兵计，稳住了孟达，亲率大军，一路急行如飞，行军一千二百里，一边走一边紧急调派兵马，在安桥、木阑塞两处驻防，又让申仪带兵前往木阑塞，防止吴蜀进攻，断掉孟达援军。然后，来了一个瓮中捉鳖。

孟达城破被杀。司马懿赢了，诸葛亮也达到了目的。

借着孟达这个媒介，两个人还没见面，居然先交了次手，结果是一比一平。

不过，蜀汉军队在没有任何损耗的情况下，就把曹魏的大部队牵制在了西南部，获取了北伐的有利时机。诸葛亮和孟达的几封书信往来，就让魏国在这场平叛战斗中，军民死伤无数。诸葛亮的攻心策略，比起司马懿，更胜一筹也。

第四节　守街亭

诸葛亮是一定要伐魏的。他的想法是稳扎稳打，兵出祁山，占陇右，先吃凉州，然后吃雍州，再吃中原，一口一口，慢慢把曹魏吃掉。

不是他不想把魏国一口吞，问题是蜀汉国力不够，吃不下。只能慢慢吃，慢慢长肉，慢慢变壮，把对方慢慢吞掉。

但是，魏延表达了不同意见。

魏延是蜀汉老臣。当初刘备依附刘表的时候，派兵攻占了零陵、桂阳、武陵、长沙，并且收了两员降将，一个是黄忠，另一个是魏延。

后来刘备入川，魏延率部曲追随刘备入蜀作战。刘备起兵攻打刘璋，魏延屡立战功，升迁为牙门将军。

刘备自立为汉中王后，提拔魏延做了汉中太守，并且将魏延从牙门将军升为镇远将军。

刘备称帝后，魏延又晋封为镇北将军。

刘禅登基后，其实就是诸葛亮主政时期，继续给魏延加官晋爵，提拔他做了前军师、征西大将军，还有假节，并且还封为南郑侯，地位非常之高。

建兴五年，诸葛亮预备北伐，进驻汉中，升魏延为丞相司马、凉州刺史。

此时，魏延提出了著名的子午谷奇谋：

效仿韩信"明修栈道，暗度陈仓"，他亲自率领五千精兵从子午谷快速赶到长安，一举拿下长安和潼关。

诸葛亮大军则出斜谷进兵长安、潼关，两军异道会师于潼关。

这样一来，长安以西大片土地，尽归蜀汉所有。

他的根据是这样的：

第一，他断定镇守长安的夏侯楙是个酒囊饭袋，一定会逃跑。

第二，长安剩一帮文官，不会领兵打仗，肯定守不住。

第三，至于粮草问题，也好办，可以在长安周围打秋风。

那么，如果夏侯楙不逃跑怎么办？

如果长安久攻不下怎么办？

如果魏延抢不到军粮怎么办？

诸葛亮自己带兵出斜谷，如果受阻，不能按时抵达怎么办？

不确定因素太多。

魏延的这个策略，好比炒股，或者博彩，可能大赢，也可能大输。诸葛亮则是根据家底，搞稳健理财和投资，宁可赚得少，千万赔不得。

所以，谨慎的诸葛亮否决了魏延的提议，率大军出兵阳平关。不过，他又扬言兵出斜谷，直取长安，同时派赵云、邓芝进据箕谷，做出真打长安的样子。

玩了一手故布疑阵。

得到军报，魏明帝曹叡立即下令雍州刺史郭淮率兵驻防斜谷道口，同时命令曹真驻守郿城，准备以逸待劳。

——两个最能战的，都被诸葛亮的疑兵牵制住了。陇右空虚。

诸葛亮兵出祁山，大军直逼凉州！一时间，天水、南安、安定诸郡望风而降，形势大好。

此次兵出祁山，成败关键在于街亭。

如果北伐成功，蜀汉便能拥有益州、凉州两个州，与东吴一起，对曹魏形成夹击之势。

想要北伐成功，就要断绝曹魏对凉州的支援。

曹魏支援凉州的道路有两条：陇山道与陈仓渭水道。

陈仓渭水道是小路，难以容纳大军，且道路出口上邽守将郭淮的军队被天水冀县的诸葛亮本部抵住，两军对峙，此路不通。

所以张郃援军只能走陇山道，街亭是他的必经之路。

如果街亭能够抵住张郃的援军一阵子，诸葛亮就有充足的时间吞掉南安、陇西郡，聚集起分散在各地的军队，与本部会合后，既可以分兵支援街亭，也可以合兵吞掉上邽郭淮，占领凉州。

怎么办？死守街亭啊！

诸葛亮派了他特别看重的大将马谡来执行这个光荣而艰巨的任务。

《三国演义》的演义，诸葛亮和马谡有一番对话：

孔明曰："街亭虽小，干系甚重，倘街亭有失，吾大军皆休矣。汝虽深通谋略，此地奈无城郭，又无险阻，守之极难。"

谡曰："某自幼熟读兵书，颇知兵法。岂一街亭不能守耶？"

孔明曰："司马懿非等闲之辈；更有先锋张郃，乃魏之名将：恐汝不能敌之。"

谡曰："休道司马懿、张郃，便是曹叡亲来，有何惧哉！若有差失，乞斩全家。"

孔明曰："军中无戏言。"

谡曰："愿立军令状。"

军令状也立了，孔明还是不放心，又派了王平助他。马谡、王平二人带兵去往街亭，诸葛亮左思右想还是不放心，又派了高翔去街亭东北的列柳城带一万兵马屯兵扎寨，一旦街亭有危，即可带兵救援。

孔明再想，又怕高翔也不成，又派魏延带本部兵马去街亭后边屯兵驻扎，一旦街亭有事，马上就可以接应街亭。

这样左思右想，左右安排，实在是因为街亭太重要了，不容有失。

第五节　失街亭

却说马谡、王平二人兵到街亭，看了地势。马谡一向自觉熟读兵书，一见之下，哈哈一笑，说丞相太多心了，这么险山偏僻之处，魏兵怎么敢来！

王平说就算魏兵不敢来，我们也就在这五路总口下寨吧——把守住这五路总口，魏兵想过都过不去。

马谡说你没病吧？当道下寨？听我的，这里侧边有一座山，四面都不相连，树又多林又密，这是天赐险地，我们去山上屯军。

王平说这怎么行。咱们屯兵当道，筑起城垣，就算魏兵有十万，也不能偷偷过去。如果我们放弃这个兵家要道，跑去山上屯兵，如果魏兵忽然间杀过来，四面把咱们团团包围，岂不成了瓮中捉鳖？

马谡大笑道：你真是女人见识！兵法上说凭高视下，势如破竹。如果魏兵到了，我管教他片甲不回！

王平据理力争：我跟随丞相久经战阵，每次所到之处，丞相都会尽心指教我兵法作战。如今我看这座山，是个绝地，如果魏兵把我们包围了，再断了我们的水道，我们的兵士会不战自乱的。

马谡须发怒张："你不要胡说八道！人家孙子都说了，置之死地而后生！如果魏兵断了我们打水的道路，蜀兵有个不死战的？绝对以一当百，妥妥的。我向来熟读兵书，丞相遇到什么事儿都得问我，你干吗老是拦着我！"

王平一看劝不下来，算了，你去山上安营下寨吧，给我一部分兵马，我去山的西边下一个小寨，我们形成掎角之势。如果魏兵来了，还可以相互救应。

忽然山中居民成群结队地跑过来，报说魏兵说话间就到了。王平就要走，马谡说算了，反正你也不听我的，给你五千兵马，你去下你的寨去。等我破了魏兵，到了丞相跟前，可不许你分了我的功劳！

王平于是带兵离山十里扎下寨栅，画成图本，连夜派人去禀告诸葛亮，把马谡自作主张跑到山上下寨的事儿也汇报了。

却说司马懿带兵来到街亭处，一打听是马谡守街亭，笑一声："徒有虚名的一个绣花大枕头！孔明用他，不坏事才怪！"

司马懿派张郃带兵挡住王平的来路，让他救援不成；又派申耽、申仪哥俩带兵围山，先断了打水的道路，等蜀兵自乱，乘势攻打。

当夜调度好之后，第二天司马懿带大军团团围山，漫山遍野，旌旗鲜明，队伍严整。蜀兵吓得都不敢下山，马谡还想仿效古人的置之死地而后生的策略，结果红旗招了半天，蜀兵你推我我推你，谁也不敢动。

马谡大怒，杀了自己的两员大将立威，蜀军害怕，这才努力下山冲击，结果又冲不动，只得重回山上。

马谡见事不好，派兵紧守寨门，只等外援救应。

可是王平带兵来救，却被张郃大杀一阵，杀得他只得退走。马谡的兵马在山上连水都打不了，饭都吃不成，寨中大乱。半夜时分，山南的蜀兵大开寨门，下山投降魏军，马谡拦都拦不住。司马懿又派人沿山放火，这下子更惊得山上蜀兵大乱，马谡一看这守也守不住，只好驱赶着残兵杀下山去，往西逃奔。

司马懿放条大路，让过马谡，张郃却从背后带兵追过来，却又遇见魏延，挥刀纵马，直取张郃。

张郃回军便走，魏延驱兵赶来，继续争夺街亭，结果被回过身来的张郃和左路司马懿、右路司马昭围住，大杀一阵，损兵折将。危急间，王平杀到，合兵一处，杀退魏兵，然后再看，到处都是魏兵旌旗，申耽、申仪哥俩杀出，王平和魏延只好跑到列柳城来投高翔。

高翔早听说街亭丢了，起兵来救，遇见二人，商量着夜里劫魏寨，再收复街亭，结果却在晚上又中了人家的陷阱，再杀一阵，到底是败了，逃去阳平关。

街亭到底是丢了。

这是《三国演义》里的情节。其中失了街亭是真的，不过来打街亭的不是司马懿，是张郃。申耽和申仪哥俩，其实也都没有打过街亭。

不过，无论哪里是假的，马谡因为他的愚蠢和自大失了街亭是真的。

诸葛亮的命真不好。

第六节　该不该配合你的演出

孔明拿到王平送的图本后拍案大惊："马谡无知，坑陷吾军矣！"听到街亭已失，更是跌足长叹："大事去矣！此吾之过也！"

脑瓜嗡嗡的，强迫自己镇定，语气里不由自主地带着急躁，叫过关兴和张苞："你们二人各引三千精兵，沿武功山小路而行。如遇魏兵，不可大击，只鼓噪呐喊，惊吓他们。他们会自动逃跑，你们别追。待他们退走，你们就去阳平关。"

又派张翼先带军去修理剑阁，以备归路。

又密传号令，叫大军暗暗收拾行装，以备起程。

又令马岱、姜维断后，先伏于山谷中，待诸军退尽，方始收兵。

又差心腹人，分路报与天水、南安、安定三郡官吏军民，皆入汉中。

又遣心腹人到冀县保护姜维老母，送入汉中。

这里要说一下姜维，他幼年丧父，和寡母一起生活。长大后出仕，因为他的父亲姜囧曾是天水郡功曹，时逢羌、戎叛乱，姜囧挺身护卫郡守，死在战场，所以姜维受赐官为中郎，天水郡参军。

建兴六年（228年），诸葛亮兵出祁山，当时姜维和几个人跟着天水太守马遵在各地巡察，马遵得知蜀汉大军到来，各县都在响应蜀军，怀疑姜维等人也有异心，于是扔下姜维等人，连夜随郭淮逃往上邽。

姜维等人赶不上他，回城时城门已闭，无奈只得率领部下前往冀县。谁想冀县也不放姜维入城，姜维不得已，投降了诸葛亮。

失街亭后，诸葛亮刚分拨好人马，就听飞马一次次地来报，一次比一次紧迫，原来司马懿乘胜追击，带大军十五万气势汹汹杀到。

环顾四周，身边已经没有大将，只有一班文官。所带的五千兵马，已经分一半去运粮草，只有两千五百人马在城中。大家听到魏军杀来，大惊失色，睁大眼睛看着诸葛亮。

他能怎么办？他也很绝望啊。

无奈把心一横！

孔明传令：“把旌旗都给藏了，诸军都守在城铺里，乱出乱入者，斩！高声大语者，斩！”

然后接着下令：“把四门大开，每一门用二十个士兵，穿上老百姓衣裳，洒扫街道。魏兵到时，不许乱动，山人自有妙计。”

然后自己也抓紧时间，披挂起来：“我的鹤氅呢？拿来。还有我的纶巾。你，你，给我抱上琴，跟我来。”

诸葛亮披上鹤氅，戴好纶巾，身后两个小童替他抱着琴，跟着他一步一步登上城楼。

来到高高的敌楼上，凭栏盘膝而坐，旁边命人焚起香来，开始弹琴。琴音铮铮锹锹，飞下城楼，一直传到了汹涌杀来的魏军耳边。

魏军前哨报知司马懿，司马懿飞马来到城楼下，远远地看向诸葛亮。

只见他高坐城楼之上，脸上挂着淡定的微笑，旁边香烟缭绕，他纤长的手指正在弹琴。左边一个童子捧着他的宝剑，右边一个童子执着麈尾。城门大开，里里外外，所见并无兵马，只有二十来个百姓，低着头洒扫，旁若无人。

司马懿一脸蒙：咋回事？我穿越了？这不是战争戏，是寻仙访道的戏码。

那我应该怎么办？该不该配合你的演出？

我正在城楼观山景，

耳听得城外乱纷纷，

旌旗招展空翻影，

却原来是司马发来的兵。

我也曾差人去打听，

打听得司马领兵往西行。

一来是马谡无谋少才能，

二来是将帅不和失街亭。

你连得我三城多侥幸，

贪得无厌又夺我西城。

诸葛亮在敌楼把驾等，

等候了司马到此谈，谈、谈谈心。

西城的街道打扫净，

预备着司马好屯兵。

诸葛亮无有别的敬，

早预备下羊羔美酒犒赏你的三军。

既到此就该把城进，

为什么犹疑不定、进退两难，

为的是何情？

左右琴童人两个，

我是又无有埋伏、又无有兵。

你不要胡思乱想心不定，

来、来、来，

请上城来听我抚琴。（京剧《空城计》里诸葛亮唱词）

中国戏曲就是了不起，这么好的唱词，活活唱出了诸葛亮的高蹈、悠远。

而京戏《空城计》里的司马懿，画着大白脸，端着方肩膀，从鼻子里出音："哼嗯……"说死不敢往前进。

一挥手：退兵。

小儿子司马昭不理解，司马懿说："诸葛亮平生谨慎，一辈子不会兵行险着。如今大开城门，必有埋伏。我可不能上了他的当。你们小孩子懂什么，听我的，快退！"

魏军十几万，黑压压如乌云盖顶，如今又如大潮回落，一步步退了出去。

诸葛亮看见魏军远去，拊掌而笑。

第七节　真假空城计

这是《三国演义》里的"空城计"，不是历史上的空城计。

历史上，诸葛亮的空城计故事是假的。晋代有一位粉丝名叫郭冲，给诸葛亮杜撰出来的一出戏。他写了一篇文章《条亮五事隐没不闻于世者》，其中第三条写的就是《空城计》：

> 亮亦知宣帝（指司马懿）垂至，已与相逼，欲前赴延军，相去又远，回迹反追，势不相及，将士失色，莫知其计。亮意气自若，敕军中皆卧旗息鼓，不得妄出菴幔，又令大开四城门，扫地却洒。宣帝常谓亮持重，而猥见势弱，疑其有伏兵，于是引军北趣山。明日食时，亮谓参佐拊手大笑曰："司马懿必谓吾怯，将有强伏，循山走矣。"候逻还白，如亮所言。宣帝后知，深以为恨。

▲ 空城计

故事太精彩了，太符合人们的审美口味了，于是演义也写，戏剧也唱，就火了。

历史上的空城计是有，主角却是曹操。

公元 195 年，曹操屯兵巨野西南的乘氏，派大部队下乡收麦。吕布突然发难，率大部队气势汹汹而来，要抄他的老窝。

城内空虚，曹操面临灭顶之灾。

曹操先令妇孺出外，给吕布造成城中空虚的假象；再令部分兵力隐蔽到屯外的树林，隐隐露出些刀枪剑戟。

吕布上当了，大军徘徊不敢进。等到他派人查实，赶紧要大举进攻，瓮中捉鳖，曹操的大部队早马不停蹄赶了回来，埋伏在城内。吕布一头撞上去，被杀得大败，逃往徐州。

建安二十四年，曹操也栽在了一场"空城计"上。

这一年，刘备和曹操争夺汉中，大战异常激烈。

一次，赵云带了几十名骑兵，刚巧碰上了曹操的大批人马。赵云杀出一条血路，带着幸存的几名士兵逃回自己的营帐。

曹操下令大批人马前来追赶，部下建议关门待援，赵云却下令大开营门，静待曹军。

当曹操率领大批人马赶到赵云营帐门口时，看到营门大开，守门哨兵一动不动，营内安静无比，空无一人。曹操本来就生性多疑，如今疑云浓重得受不了，觉得一定有大批伏兵。

不好，曹操赶紧下令：撤！

曹兵原本就领教了赵云的万夫不当之勇，如今主公下令撤，当下心中慌乱。结果赵云突然下令，战鼓齐鸣，咚咚的鼓声如同催命，曹军惊慌失措，自相践踏，好多掉进汉水淹死。

刘备因此赞叹赵子龙"一身是胆"。

所以，两次空城计都是真的，但是诸葛亮的这次空城计，却是假的。

空城计是假的，撤兵是真的，因为失了街亭，蜀军就失去了重要的据点。

街亭所处的位置是一个河谷，特别开阔，四通八达，南北山势险要，进能攻退可守。街亭一失，曹魏铁骑将源源而来，诸葛亮第一次北伐失败，退兵汉中。

赵云原本是被诸葛亮派作疑兵的，和邓芝进据箕谷，做出真打长安的样子。诸葛亮下令退兵，各军都乱成一团，箕谷的退兵却编制得非常整齐，徐徐而退，不致大损。

诸葛亮想用绢布奖励赵云手下的将士，赵云却婉拒了："我军军事失利，我们怎么还能要赏赐呢？请将这些物资全部纳入赤岸府库，在十月寒冬的时候再赏赐给将士们使用。"

在这场失败的战争中，本无赵云的责任，他却自请降职，贬为镇军将军。诸葛亮慨叹说："先帝在日，常称子龙之德，今果如此！"

这就是赵云的品行。永远那么低调、谦和、中正，对敌作战又永远那样勇猛。真的是对待朋友像春风般的温暖，对待敌人像秋风扫落叶一样无情。

回来后，有人居然向诸葛亮道贺，夸他北伐有功，且又得了姜维等优秀人才。可是诸葛亮太难过了，劳心数年，一朝功亏一篑。

马谡呢？！

想当初，刘备临死，向诸葛亮托孤的时候，那样的时刻，还把马谡提了一嘴："马谡言语浮夸，超过实际才能，不可委任大事。"

可是诸葛亮没听。他让马谡担任参军，时常和他一起探讨军事谋略，一谈就是一整天。

如今，因马谡一人导致整个北伐行动夭折。如诸葛亮所说：

"大军在祁山、箕谷，皆多于贼，而不能破贼为贼所破者，则此病不在兵少也，在一人耳。"

谁？马谡也。

第八节　斩马谡

《失空斩》是一出整本大套的京戏，包括失街亭、空城计、斩马谡。

诸葛亮用马谡，失了一个小小的街亭也就罢了，关键在于它的严重后果，就像毛宗岗说的："南安不得不弃，安定不得不捐，天水不得不委，箕谷之兵不得不撤，西城之饷不得不收。遂使向之擒夏侯、斩崔谅、杀杨陵、取上邽、袭冀县、骂王朗、破曹真者，其功都付之乌有……"

犯下这样的大错，又有军令状在先，马谡是非死不可了。

《三国演义》里，马谡是自己把自己绑了，跪在帐前，引颈就戮。诸葛亮一边变了脸色斥责他，一边还告诉他，他死之后，他的一家老小都会按月得到米粮赡养，让他不要挂心。

马谡哭了："丞相你视我如同自己的儿子，我也看待丞相如同父亲。我的死罪是逃不了了，希望丞相想想过去舜帝杀了鲧而继续用鲧的儿子禹的大义，这样我就死而无憾了。"

马谡说罢大哭，诸葛亮也哭了，同时给自己降了一辈："我和你义同兄弟，你的儿子就是我的儿子，不用多说，我知道怎么做。"

然后吩咐左右把马谡斩了报来。

恰逢参军蒋琬从成都过来，一见大惊，叫着"刀下留人"，进帐说情，说现在用人之际，不可斩智谋之臣。

诸葛亮说："我岂不知道如今用人之际，不可斩智谋之臣？只是用法如果不能分明，则不能制胜于天下，所以，才不得不杀了马谡啊。"

所以，马谡就死了。

诸葛亮看见马谡的首级，大哭不止。蒋琬糊涂了："既然是马幼常有了罪过，也拿他正了军法，丞相你为什么又这么哭呢？"

诸葛亮说："我不是哭马谡！我是想起先帝在白帝城，临危之时，嘱咐过我，说马谡言过其实，不可大用，如今果然应了这句话。我是恨我自己用人不明，想起先帝的话，所以痛哭！"

马谡死的时候三十九岁，留给后人的是一个大大的笑柄，大家都知道他爱说大话，纸上谈兵。

在《三国志·蜀书·马良传》里，有马良的弟弟马谡的一段附文，里面说"谡下狱物故，亮为之流涕"。

在这里，马谡的结局是"下狱物故"，也就是下了大狱，没有被处死，而是病死狱中。

还有一个说法，自民间的口耳相传，说的是马谡失了街亭，害诸葛亮被迫退兵汉中，马谡也因此入狱。不过诸葛亮到底怜惜他，不忍处以军法，就让姜维处理这件事。姜维揣摩领导意图，将马谡贬为庶民，并对外宣称马谡病死狱中。马谡从此对姜维感恩戴德，改名宁随，追随姜维至死。

——这个就有点无稽之谈了。诸葛亮真不是那种肯徇私的人。他最大的"徇私"，也不过就是"亮自临祭，待其遗孤若平生"。诸葛亮亲自去祭奠，又一直优抚马谡的遗孤，如此而已。

因为诸葛亮的原则性，所以他既会惩罚马谡，也会惩罚他自己。所以他自贬三等，由一品丞相降为三品右将军，仍尽心竭力辅佐后主刘禅，以图中原。

有的时候，人强不过命，心强不过天。

据晋书记载，《三国志》作者陈寿的父亲是马谡的参军，马谡被杀，陈寿的父亲也被处以髡刑，这算是跟着倒了霉。

不过，陈寿也没有记这个仇，照样公允而客观地秉笔直书了诸葛亮的一生，当他写到第一次北伐时，情不自禁，还要夸奖两句：

亮身率诸军攻祁山，戎陈整齐，赏罚肃而号令长明，南安、天水、永安三郡叛魏应亮，关中响震。

他在总评诸葛亮一生的时候，却也有褒有贬：

诸葛亮之为相国也，抚百姓，示仪轨，约官职，从权制，开诚心，布公道；尽忠益时者虽仇必赏，犯法怠慢者虽亲必罚，服罪输情者虽重必释，游辞巧饰者虽轻必戮；善无微而不赏，恶无纤而不贬；庶事精炼，物理其本，循名责实，虚伪不齿；终于邦域之内，咸畏而爱之，刑政虽峻而无怨者，以其用心平而劝戒明也。可谓识治之良才，管、萧之亚匹矣。然连年动众，未能成功，盖应变将略，非其所长欤！

所谓的贬，也不过就是实事求是而已，说诸葛亮是识治的良才，管仲、萧何一类的人物；但是，带兵打仗的军事方面，实在非其所擅长。所以，连年征战，却无所建功，乃至抱憾五丈原。

▲ 姜维用连发箭退敌

第九章

打兮打兮打复打

第一节　鞠躬尽瘁，死而后已

诸葛亮在识人用人方面，一生除了错用马谡，其他未尝犯错，实在是大师级的水准。

比如这次和马谡对着干的王平，在大家多受处分的情况下，他却得到了提升。

王平原来是曹操的人，曹操与刘备争夺汉中的时候，王平投降了刘备。

这回的第一次北伐，因为他逆马谡而行，被提拔为讨寇将军，并封赐为亭侯，让他统率多为少数民族成员组成的剽悍特种队伍无当飞军。这一切，既是奖赏他在乱军之中，头脑清醒，不屈从权威，也是信任他在以后的征战中，能够发挥他的军事才能。

果不其然，此后他率领着无当飞军，追随诸葛亮北伐。诸葛亮死后，他又官拜前监军、镇北大将军，镇守汉中。曹爽率领十万大军攻打汉中时，被他击退。

去了一个马谡，起来一个王平。军事上提拔起来有生力量的同时，姜维也得到了诸葛亮的认同。

姜维是走投无路才投降蜀汉的，但是他的忠诚、坚定的心志得到了诸葛亮的赞同。

建兴七年（229年），诸葛亮辟姜维为仓曹掾，加奉义将军，封当阳亭侯。诸葛亮给蒋琬写信，称姜维是凉州上士，有胆略，并让姜维统领五六千虎步军。后迁升姜维为中监军征西将军。

姜维算是诸葛亮带出来的亲传弟子，诸葛亮死后，他继续率领蜀汉军队北伐曹魏，和曹魏名将邓艾、陈泰、郭淮等多次交手。刘禅投降曹魏后，姜维仍旧希望复兴蜀汉，假意投降魏将钟会，打算利用钟会反叛曹魏，最终钟会反叛失败，姜维与钟会一同被魏军所杀。

这次弓上弦、刀出鞘，诚意满满、战意满满的北伐就这么失败了。

这次的失败给汉中根据地蒙上一层浓重的阴影。诸葛亮继续筛选精兵良将，思考战略，一如既往地严格训练士兵，喊杀阵阵中，刀枪林立中，军纪严明中，士气又一点一点蓄满。

就在这时，魏国没有闲着，吴国也没有闲着。

魏国小皇帝曹叡起三路大军，陆路伐吴。曹休是主力，却上了东吴鄱阳太守周鲂的当，以为周鲂受到孙权的打压，要投降大魏。结果曹休的军队约定和周鲂的军队会合，却钻进了东吴的伏击圈，被狂揍猛打。若不是曹叡后来醒过味儿来，赶紧派人接应，曹休就撂在那儿了。

此次伐吴失败，东部战线尽毁。曹休气怒，背生痈疽而死。

东吴请求蜀汉共同进军牵制曹魏，诸葛亮再次向皇帝刘禅上表，表示要再次出兵北进。

很多大臣对再次北伐都心有疑惑，甚至持反对意见。但是诸葛亮仍旧坚持刘备生前遗愿，声明汉朝和篡位的魏朝势不两立，我们既然继承大统，就不能偏安一隅。

在这样一个大前提下，还有一个形势使然：就算我们不想打，也不得不打，否则随着时间推移，蜀汉和魏国之间的实力差距会逐渐拉大，蜀汉会越来越弱。与其坐以待毙，不如奋而北伐，以图前进。

在这样一个大形势之下，还有一个有利的小形势，就是如今"贼适疲于西，又务于东，兵法乘劳，此进趋之时也"。

说白了，就是趁他病，要他命。

说到底，诸葛亮心里也是没底的，他是人，不是神。所以他才会在奏表里说：

"最难于判断的，是战事。当初先帝兵败于楚地，这时候曹操拍手称快，以为天下已经平定了。但是，后来先帝东面与孙吴联合，西面取得了巴蜀之地，出兵北伐，夏侯渊掉了脑袋，这是曹操估计错误。

"看来复兴汉室的大业快要成功了。但是，后来孙吴又违背盟约，关羽战败被杀，先帝又在秭归遭到挫败，而曹丕就此称帝。

"所有的事都是这样，难以预料。臣下只有竭尽全力，到死方休罢了。至于伐魏兴汉究竟是成功还是失败，是顺利还是困难，那是臣下的智力所不能预见的。"

是的，他就是要"鞠躬尽瘁，死而后已"，不问成败，但求无愧于心。

打人当然要打他最痛的那只脚，打狗要打落水的狗。

因为曹魏抽调了部分驻守秦岭一线的防御去支援长江一线，西北防线空虚，诸葛亮发现了战机，于是在建兴六年年冬，兵出散关，包围陈仓。

这就是他的第二次北伐。

第二节 大军攻不下小城

蜀汉大军来到陈仓，陈仓守将叫郝昭，太原人，部下只有士兵一千余名，守着一个小城。

照理说，听着诸葛亮的威名，类似这样的小城都是望风而降，没想到郝昭却紧闭城门。

有本事你上，反正我死都不降。

郝昭的一个同乡叫靳祥的，被派过去劝降，郝昭不给他开门。靳祥灰溜溜回来，诸葛亮派他再去喊话，郝昭的箭却嗖嗖地射过来，吓得他往回逃。

诸葛亮下令全军攻城。

这次打仗，用上了诸葛亮改良的云梯。普通的云梯没有轮子，长长的云梯不能折叠，他改造之后，给云梯安上轮子，可以推着走；又把云梯改得能够折叠，尽头是搭钩。士兵持盾护身，缘梯而上，可登城墙。

还用上了冲车。冲车的下层是推车的大力士，上层是攻城的士兵，抬着撞木撞城。冲车外面裹着湿牛皮，可以防火。

两样杀器一起上，士兵们下边撞击城门，上面抢登城楼，完美。

可是一道道火箭射出，落在云梯上，云梯呼呼地着了，蜀军身上着火，惊叫着纷纷坠落。

冲车也被一个个用绳子拴着的大磨盘抛下，石头砸木头，一砸扁，二砸碎，三砸散。战士们骨断筋折，惨号连连。

一计不成，诸葛亮派一队士兵填护城河，一队士兵挖地道入城，一队士兵用井阑进攻。

井阑是一种移动箭塔，底下装着轮子，顶部是塔楼。士兵站在高顶上，居高临下，向城里射箭。

而且射出去的不是单发，而是十发连弩——诸葛亮改良后的又一个大杀器，可以同时射出十支铁箭！

井阑一出，果然守城士兵死伤惨重。

护城河内也被蜀汉士兵用成千上万的土袋填满，蜀军一拥而上，包围陈仓。

填护城河的，成了。用井阑进攻的，成了。

挖地道的人马却撞上了铁板。

他们没想到，小小的陈仓居然还有一座内城，他们攻打的只不过是外城。魏军全部撤入连弩射不过去的内城。

而挖地道的蜀兵发现，他们只是把人家的又宽又深的壕沟给挖通了，然后被守在壕沟对面的魏兵一刀一个，全部成了刀下亡魂。

诸葛亮这次搞偷袭，打的就是偷袭得手、乘虚而入的主意。郝昭猝不及防，一边拼死守城，一边派人告急。

曹真得了信，立马派将军费曜、王双星夜重兵驰援，又派人向洛阳求救。

魏帝曹叡也急召名将张郃，点精兵，救陈仓。张郃本来要去东线增援，刚走到荆州，就得到急召，日夜兼程赶回陈仓。

诸葛亮一看曹兵多路来援陈仓，一时无计可破，并且余粮已不多，退兵吧。不过，退也不能白退。

《三国演义》里，诸葛亮退兵：

吾今退军，可分五路而退。今日先退此营，假如营内一千兵，却掘二千灶，明日掘三千灶，后日掘四千灶：每日退军，添灶而行。

杨仪曰："昔孙膑擒庞涓，用添兵减灶之法而取胜；今丞相退兵，何故增灶？"

孔明曰："司马懿善能用兵，知吾兵退，必然追赶；心中疑吾有伏兵，定于旧营内数灶；见每日增灶，兵又不知退与不退，则疑而不敢追。吾徐徐而退，自无损兵之患。"

结果魏将王双想打落水狗来着，却遇着这么一个人。他赶上诸葛亮时，诸葛亮霎时前军变后军，后军变前军，一声令下，大举进攻，魏军被破，王双被斩。

诸葛亮从容退回汉中，退也退得很有范儿。

名将名帅，不光进攻有气势，退兵也有格调。就像赵云退兵，打着鼓点，徐徐而退一样，败则败矣，不能倒了旗枪。

魏将郝昭守这一次城，心血耗尽。他也没有想到蜀军如此擅攻城，招数层出不穷。实在没办法，连坟里的棺材都挖出来做了守城材料。一千精兵，死伤大半。

援军至，陈仓得救，郝昭时年三十八岁，却一日老十年。

皇帝的封赏接连而至，他却已经心力交瘁，一病不起。临死，他交代儿子：

"我做过将领，知道将领难当。你以后不要走我的老路。打到艰苦的时候，不惜挖坟掘墓。所以我要死了，死后也不要厚葬我，我平时穿什么衣裳，死时还穿什么衣裳。随便把我埋在哪里都可以，反正死了就什么都没有了。"

第三节　让他先过过瘾

二次北伐失败后，第二年春天，蜀将陈式带兵攻打曹魏西部边境的武都、阴平二郡。

雍州刺史郭淮点起本部兵马，直扑陈式，却没想到陈式背后是诸葛亮。诸葛孔明率军出现在建威，郭淮闻风丧胆，全军撤退，武都、阴平二郡被蜀汉拿下。蜀汉领土扩充一大片。

诸葛亮曾经因街亭之战自贬三级，如今后主命他官复原职。

就在这时，孙权终于称帝了。这是公元 229 年。

孙权虽然坐拥江东诸郡，而且自公元 222 年以来开始自立年号，但是却一直只称吴王，如今，终于名正言顺地与曹家、刘家形成三足鼎立之局。

蜀汉内部炸锅了。

就是因为不承认曹魏政权，所以先主刘备才自立称帝，国号汉，意思就是想要继承汉朝正统。如今明明已经和吴国相互呼应，关系处得老好了，没想到孙权也称了帝，这不同样也是篡汉吗？

蜀汉上下，极大愤慨，强烈谴责，有人主张向吴国抗议，如吴国不听，就两国断交。

诸葛亮说："孙权早就想称帝了。我们和他交好，也不过是希望能够彼此守望互助。如果现在断交，就多了一个敌人。这样一来，我们的东线面对的就不是盟友，而是敌人，不是他灭了我们，就是我们灭了他。可是东吴如今精诚团结，而且人才济济，想要灭掉，谈何容易。

"我们两国相斗，谁最高兴？当然是曹魏。先帝当年和东吴结那么大的仇怨，尚且能够忍一时之辱，和东吴重归于好，就是出于深谋远虑。

"我们想要继续北伐曹魏，吴国或者趁火打劫，也打太平拳；或者趁机掠夺曹魏的人口，扩张自己的领土。他又不傻，不会坐山观虎斗，而一定会趁机给自己捞好处。

"退一万步说，就算他坐山观虎斗，看着咱们和曹魏之间打死打活，他什么也不干，只要他和我们不翻脸，我们就不用在打曹魏的时候，还得时刻担心着东线的吴国，同时曹魏的军队也不敢放弃对吴国的防守来全力抵抗我们的进攻。这样不是更好？

"所以，孙权称帝他就称吧（潜台词是：让他先称帝，过过瘾吧，回头咱们灭了曹魏，拳头更大更硬，到时候再跟他算账）。"

于是，在诸葛亮的主张下，蜀、吴两国续订盟约，约定灭魏之后，以函谷关为界，西边归蜀汉，东边归东吴。

盟约上还特意写上了"诸葛丞相，信感阴阳，诚动天地"。

盟约订立后，虽然孙权已经任命了朱然为兖州牧，但是因为兖州被划给了蜀国，孙权马上撤了朱然兖州牧的职位；同样，蜀国也将刘永的封号鲁王改为甘陵王、刘理的梁王改为安平王。

可以说，两个国家的诚意都相当之满，姿势也相当之端正了。

历史上，吴国和蜀国没能灭了魏国，反而被魏国给灭了。不过，如果吴国和蜀国灭了魏国，这两个国家会长期共存下去吗？

孙权曾对邓芝说："若天下太平，二主分治，不亦乐乎！"

邓芝却说："天无二日，土无二王，如果吞了魏国，大王啊，到时候各自的君王要拼命称王，各自的臣下要拼命尽忠，将领们提枪跃马，战争才正式开始。"

反正目前来说，诸葛亮算是安抚住了国内的民心，也安抚住了吴国君主的君心。

他可以继续把精力放在打曹魏的北伐大业上了。

同时，曹魏也厌烦了被动挨打，开始主动出击了。

曹真给曹叡上奏，要兵出子午谷，远征蜀汉。

当初魏延就给诸葛亮提出奇袭子午谷的计划，被诸葛亮否了，就是因为子午谷地势太过险要，奇袭不易。

子午谷在陕西长安县南，是关中通汉中的一条谷道。秦岭六条连接西南的大道中，它是最险峻的一条，长三百多公里。史学家有"秦岭六道，子午为王"的感叹。

魏明帝曹叡居然同意了这一个险招，于是，孙权称帝这一年，曹真率领雍凉军队从长安出发，走子午谷南下。

同时，曹叡命令司马懿率荆豫地区的军队沿汉水而上，从上庸地区的西城进攻。最后两支部队在南郑会师。

除了这两支主力，还有别的兵马，一共六支军队，最终在汉中会合。

第四节　龙虎斗

魏军大举来犯，诸葛亮早在此之前就已经在南郑的西、东两个方向修筑了汉城和乐城，防的就是曹魏奇袭。

魏军进攻的消息传来，诸葛亮趁机兵出陇西。和围魏救赵一个道理，我打陇西，你回兵来救，则汉中危局可解。

同时，诸葛亮给驻防江州的前将军李严写信，请他带两万士兵北上汉中协防及北伐。

李严这个人，怎么说呢，用他的同乡、尚书令陈震私下对诸葛亮说的话就是："李正方腹中有鳞甲。"大约就是肚里长牙的意思。

这次，他又玩花样，私底下传言说司马懿等已经设置了官署职位来诱降他——其实就是趁机敲诈。

诸葛亮仍旧是一个字原则：哄。上表升迁李严为骠骑将军，又表奏其子李丰接替督主江州防务，李严这才愿意北上汉中。

此后，李严改名为李平。

这样一来，兵力就够用了，可以一边防守，一边出击。

其实，公道地说，李严的腹中有鳞甲，干的事儿在后世人的眼里，蛮平常的。比如一所大学的教授，会假称有人要高薪聘请自己，自己的学校知道了，也就会给提高薪水什么的。

所以在人心方面，确实是人越古，人心越不古，是嫩的。人越靠近现代化，人心越古，老树僵皮，啥招儿都见过，啥招儿都敢使。

也不知道李严出于什么目的，劝过诸葛亮加九锡。

所谓九锡（通"赐"），是中国古代皇帝赐给诸侯、大臣有殊勋者的九种礼器，是最高礼遇的表示。

这"九锡"，王莽、曹操、孙权都接受过。这里面的政治含义可太明确了，后世人甚至把"九锡"当成了篡逆的代名词。因为至此已经加无可加，下面就只有称帝或者子弟称帝这一途了。

诸葛亮严词拒绝道：

"我与你相识许久了，可惜还没能相互了解！足下刚刚教诲我要光大本国，告诫我处事不要拘泥的道理，因此我也不能沉默以对，有啥话就说出来了。

"我本来是一个没有学问的读书人，得到先帝不拘一格提拔，达到了臣子中最高的地位，俸禄、赏赐多不胜数，现在讨伐篡贼还未收到应有的效果，先帝知遇之恩还没有报答，却要我效法当年齐国的田氏，晋国的韩、赵、魏三卿，利用国家的恩宠而谋取壮大自己的利益，那不合义理。

"若能消灭曹魏、斩杀曹叡，让皇帝陛下能够还居故都，然后与诸位同僚一起升迁，到时候就算是十命的赏赐也可接受，何况是九命呢！"

诸葛亮难得如此辞色俱厉，这回他是真急了。

但是，好容易把李严，不对，李平，哄来了，曹魏大军却来不了了。

子午谷山道漫长、蜿蜒又狭窄。正值暴雨倾盆，湿雾团聚。魏军走这狭窄泥泞的山道，一个踩着一个的脚后跟，万分小心，仍旧会稍有不慎，跌落山谷。声声惨叫不断地响起。

塌方、泥石流、山崩地裂，士兵行走蜀道，如行地狱。曹叡下令班师。

很鬼的司马懿根本就没有遭受这样的磨难。他行动得慢慢腾腾，一步一挪，号称"水陆并进"，却两个月行军不到五百里。

三年前他出征孟达，八天急行军一千二百里。那是什么速度。

不是他老了，而是他知道这次北伐不行。

——当初魏延就提过"子午谷奇袭"的计划，现在由曹魏验证了它不可行。

蜀汉建兴九年（231年）二月，诸葛亮再次举兵北伐，兵出祁山，剑锋直指陇右。

曹真病重，曹叡下诏，命司马懿即刻前往长安，接替曹真统率西线大军，阻击诸葛亮。曹叡说："西方有事，非君莫可付者。"

如今，卧龙要和这只冢虎对上了。

龙虎斗啊。

司马懿来到西线，说实话，不是特别受欢迎。除了郭淮全力配合他以外，别的高级将领都不怎么买他的账。毕竟这里由曹真经营多年，他一个空降的文官跑来想拔头筹，大家伙儿不认。

其中就有名将张郃。司马懿发布什么命令，他就抵触什么命令；司马懿安排他做什么工作，他就说这种工作不能这么做。

司马懿要派人留四千精锐驻守产粮大县上邽，他自己要亲自率主力前往祁山压制蜀军。

张郃表示反对，怕诸葛亮声东击西，佯攻祁山，蜀汉大军却从褒斜道奔袭长安，所以，应该在长安附近留一部分军队。

司马懿又反对他：如果诸葛亮的主力在祁山，分兵也就削弱了战斗力，怎么对蜀军构成压倒性优势？如果诸葛亮的主力真的走了褒斜道，分兵也同样削弱了战斗力，留在长安的军队怎么抵得住诸葛亮的袭击？

所以，司马懿率军向祁山而去。

这么一来，上邽空虚。

第五节　真赖皮

诸葛亮怎么会放过这个空子？

如今魏国在祁山上设置了一座要塞，这样一来，诸葛亮兵出祁山的难度大大增加。所以当他得知司马懿大军直奔祁山，一声令下，蜀军直扑上邽。攻打祁山的只剩小股部队，障眼法而已。

蜀军前锋兵临上邽，守将立刻出击——他们还以为是偷粮的蜀汉小贼，没想到大兵排山倒海而至，黑压压铺满平地，大纛飘扬，上写斗大的"诸葛"二字。

他们做梦也没有想到，来的是诸葛亮亲率的蜀汉主力部队！

魏军兵败如山倒，残部逃回邽城，龟缩不敢出来。诸葛亮下令蜀军下地收麦——远征军最操心的就是补给。如今天降好麦，还不赶紧收起来？

司马懿听到斥候报告，立刻下令辎重压后，大部队轻装前进，增援上邽，两日即至。

诸葛亮下令决战。

——这才是他真正的目的，一环扣一环，一计生一计。

兵出祁山，原来祁山只是诱饵，真正的目标是上邽。

上邽收粮，原来收粮也是一石二鸟，既补给军粮，又以逸待劳，与远道而来的魏军决战于野。

诸葛亮的心机深沉，让司马懿有些周身发寒。

诸葛亮长久活跃在军事指挥第一线，套路连着套路，心计套着心计。司马懿虽握兵权，但是大半辈子处于被压制的状态，自己张扬恣肆地带兵的情况并不多，所以他实际指挥作战的能力远比不上孔明。

因此，他不肯应战，宁可当缩脖鹌鹑。

司马懿下令，全军在上邦以东三十里处安营扎寨，坚守不出。

诸葛亮派人天天骂阵，可是没用，司马懿就像躲在悍妇够不着的床底下的老公，说不出来，就不出来。

那就继续割麦。

这次割麦运麦，他用上了木牛。

"木牛流马"都是诸葛亮的发明。单凭这一手，他就可以跻身发明家之列。有人追溯出诸葛亮的这项发明源自春秋时期的著名工匠鲁班。据说鲁班给老母亲做木车马为代步工具，结果母亲坐上后，车子就自动走了，再也找不到了。

此事是真是假且不论它，诸葛亮的这项发明是十分天才的。蜀道太难，真牛真马运送，损伤太大，用木头造出来的东西——满山遍野都是木头哇，它损坏也不心疼啊。

可惜，发明家这个光环被诸葛亮政治家、军事家的光环给掩盖了。据诸葛亮文集里记载，木牛的做法如下：

> 木牛者，方腹曲头，一脚四足，头入领中，舌着于腹。载多而行少，宜可大用，不可小使；特行者数十里，群行者二十里也。曲者为牛头，双者为牛脚，横者为牛领，转者为牛足，覆者为牛背，方者为牛腹，垂者为牛舌，曲者为牛肋，刻者为牛齿，立者为牛角，细者为牛鞅，摄者为牛秋轴。牛仰双辕，人行六尺，牛行四步。载一岁粮，日行二十里，而人不大劳。

可是司马懿也不是死人，蜀军前脚割麦，后脚魏军轻骑冲出来，一阵乱杀乱砍，麦田里蜀军尸首纵横。

等蜀军的援兵至，魏军又缩回龟壳子里。

魏军擅骑兵，蜀军擅步兵，割麦抢收运动中，魏军完胜。

就这样，一天，两天，半个月，一个月。你骂阵我不出，你割麦我骚扰。在这个时间段里，魏国的援军一批批地送到，辎重也压后而至，魏军装备一新，武装到牙齿。

眼看着再打也没用了，诸葛亮下令撤军。

蜀军后队变前队，秩序井然，向祁山以东三十里处的卤城撤退。

司马懿下令："追。"

张郃习惯性地表示反对："诸葛亮想速战速决，我们就跟他打持久战，这个没错；如今诸葛亮知难而退，我们去追击，不是明摆着给擅长野战的他们打我们的机会吗？还不如派奇兵偷袭蜀军后路，越快把他们赶出去越好。"

张郃说得对，但是司马懿不听。

仍旧命令："追。"

追呢，又不像追上去痛打落水狗的架势——诸葛亮的退兵也不是落荒而逃的落水狗，小心你追过来，他咬你；所以司马懿的军队就扮演了苍蝇的角色，你退到哪里，他嗡嗡叫着骚扰到哪里；你被骚扰得烦了，想回身拍死它，它又缩回去，躲起来。

这种骚扰战太讨厌了。

诸葛亮也烦，安营扎寨，回身准备决战，结果司马懿再次龟缩起来。

骂死不出来，真赖皮。

第六节　我为"走为上"代言

魏军祁山守将贾栩、魏平被骂得气怒难平，修书一封，派人下山送给司马懿，嘲笑他畏敌如虎，徒惹天下人耻笑。

看了信，司马懿扯扯嘴角，下令："全军出击。"

他派张郃攻打南部的蜀军大寨，自己率领主力攻击北寨。

诸葛亮命王平扼守南路，魏延、高翔和吴班率领主力迎战司马懿。

主力对决，终于开始。

结果就是：张郃被老对手王平打得大败，狼狈而回。

司马懿的主力被猛将魏延打成一盘散沙，死伤无算。

收兵回营，各自盘点，蜀军大胜：斩首无数，魏军大小将官被砍头就有三千人。缴获铁甲五千副、弓弩三千一百张。

这下子，没有人再嘲笑司马懿畏敌如虎了。

残兵败将，哀声一片。

司马懿知道出击不可行，他也没有因为众将嘲弄而愤怒，他只不过是用死伤无数来证明自己的一个道理：不和诸葛亮正面决战是对的。好暗黑。

这一战是诸葛亮全部北伐战役中打得最为激烈也是规模最大的一仗，据说，此次作战，诸葛亮用上了他自创的"自今行师，庶不覆败"的八阵图，而且再一次证明了这个阵法的不可战胜。

史书中并没有说明八阵图是怎么一个样子的，现在八阵原图已经不在，后人考其遗迹绘成图形，记载在《武备志》中。杜甫在《八阵图》中曾经写道："功盖三分国，名成八阵图。"

▲ 诸葛亮、司马懿斗阵

其实，在诸葛亮之前，八阵图就存在，相传最早的八阵图是黄帝和大将风后共同设计的。史书中记载跟八阵图有关的人有姜子牙、孙武、司马穰苴、管仲等人，到了诸葛亮已经十分精妙，在诸葛亮之后，还有李靖六花阵等。

八阵图分别以天、地、风、云、龙、虎、鸟、蛇命名，加上中军共有九个大阵。中军由十六个小阵组成，周围八阵则各以六个小阵组成，共计六十四个小阵。至于他的特点，李靖在《问对》中曾经这样回答"大阵包小阵，大营包小营，隅落钩连，曲折相对"，并且具有"内圆外方"的特征。

八阵图虽然精妙，但是也抵挡不了十万雄兵，否则蜀国就不会灭亡了。

战争又进入胶着状态。

秦岭进入雨季，粮道难行，蜀军大营的粮食接续不上。

司马懿耍得一手好赖皮，不肯跟你打，又不肯逃。你打他，他缩起来；你撤兵，他追出来。

这已经够糟心的了，又发生了一件更糟心的事儿。

诸葛亮接到李严写来的一封信：

> 近闻东吴令人入洛阳，与魏连和；魏令吴取蜀，幸吴尚未起兵。今严探知消息，伏望丞相，早作良图。

孔明惊疑："不好。如果东吴要和曹魏联合起来打我们，我蜀汉危矣！速速回去！"

下令全军撤退。

蜀汉大军徐徐而退，司马懿命令张郃追击，结果木门道两侧山势险峻，张郃钻进了诸葛亮的圈套。诸葛亮派王平断后，配备着诸葛连弩，埋伏在木门道的两侧。张郃带兵至，王平一声令下，万弩齐发。

张郃连同他带的一百多个部将，全被射成刺猬。

《华阳国志·刘后主志》中转引的《汉表传》中，这样写道：

> 亮粮尽，军还至青封木门。郃追之。亮驻军，削大树皮题曰，"张郃死此树下"，豫令夹道以数千强弩备之。郃果自见，千弩俱发，射郃而死。

遥想当年，周显王二十八年（前341年），魏国发兵攻韩国，韩国向齐国求救。齐国应允救援，齐威王任命田忌为主将，田婴为副将，孙膑充任军师，居中调度。

魏惠王命太子申为上将军，庞涓为将，率雄师十万，扑向齐军，要一决胜负。

结果魏军步步紧追，齐军就步步退避，一边退避一边减灶。庞涓一见，认定这是齐军在魏军的军威之下，斗志涣散，士卒不断逃亡，于是下令部队丢下步兵和辎重，轻骑追敌。

等他带轻骑日夜兼程，追到马陵这个地方，见剥皮的树干上写着字，但是天黑看不清楚，就让人点起火把照一下，结果树上写着："庞涓死于此树之下。"

庞涓大惊，正要开口传令，却不知他们早钻进了齐军设的伏击圈。齐军万弩齐发，魏军大败。庞涓智穷，大叹"遂叫竖子成名"，自刎而死，一说被乱箭射死。

这就是历史上有名的马陵之战。

诸葛亮这是效仿先贤呢。好奇心不光害死猫，也害死庞涓和张郃。

此后魏将谁一听说要去追击诸葛亮的部队，都害怕。

"三十六计，走为上计"，走得不好那叫逃，叫被人痛打落水狗；走得好了，那才叫上。诸葛亮为"走为上"代言。

第七节　诸葛亮没有血洗过哪里

这是诸葛亮和司马懿的第一次正面交锋，诸葛亮败。

回到汉中，诸葛亮要去成都见刘禅。李严先跑去向后主刘禅禀报："我已经把军粮都预备好了，马上就要押运到丞相的军前，不知道丞相为什么忽然班师回朝了。"

刘禅莫名其妙，特地从成都派费祎来汉中，问孔明班师缘由，诸葛亮大惊："是李严给我写信告急，说东吴要派兵攻打我部，我才赶紧回来的。"

费祎说："李严上奏，说自己军粮办好，丞相却无故撤兵，所以天子特地派我来问你因由。"

孔明大惑，令人访察，原来是中都护李平——也就是李严闹的幺蛾子。

他留守汉中，奉命经办粮草，保障后勤供应，原本的封疆大吏成了运粮官，本来心理就不平衡，如今又到了雨季，道路泥泞难行，粮草接续不上，这是他推卸不掉的责任。贻误军机，是大罪。

他左思右想，居然"福至心灵"，采用欺上瞒下之道，企图移花接木，陷害运粮官，然后再杀人灭口，他自己就脱了罪了。

打得一手好算盘。奈何弄假成不了真。

李严一看瞒骗不住，干脆打着养病的旗号，从汉中一路向自己的根据地江州逃，不知道是不是想要搞割据分裂。后来知道自己逃不掉了，只得投案自首。

诸葛亮公开审理此案，李严伪造公文、贻误军机、故意杀人未遂铁证

如山，只得供认不讳。

诸葛亮上奏弹劾李严：

"自从先帝驾崩，李严的心思全在家庭，搞些小恩小惠，只想平稳处世求名，全不忧虑国家大事。

"为臣北征出兵，希望他镇守汉中，李严再三找借口推辞，并无前来汉中之意，反而想把五郡连并起来，自己做巴州刺史。

"去年为臣打算西征，想让李严镇守汉中，李严却说司马懿等在那边开府招聘人士做大官。为臣心里明白李严鄙陋心理，是想借我临行之机逼我给他一些利益，于是为臣上表奏任他的儿子李丰主管江州事宜。

"给他如此的破格待遇，本想解决一时的急务。李严上任后，为臣将大小事全权托付于他，朝廷上下都奇怪我为什么这样厚待李严。正是因为国家大事未定，汉室倾危，与其揭李严之短，不如对他褒扬鼓励。

"我只是认为李严本性不过是为了得到一些荣誉、利益而已，哪料到他竟然存有颠倒是非之心，以致如此。如果这种人和事任其存在下去，必将导致国家的祸败。"

最终，包括诸葛亮在内的朝中大臣二十多人联名上书，请求废黜李严。在这封表文上签字的有魏延、杨仪、邓芝、刘巴、费祎、姜维……

于是李严被撤销一切官职，流放为民。

鉴于李严的儿子李丰与此案无涉，虽然已经解除了李丰的兵权以防生变，诸葛亮还是将李丰提升为中郎将，调任为丞相府参谋。

他还专门给李丰写信："如果你父亲能认罪悔过，一心一意为国效忠，以后还有机会起复。"

三年后，诸葛亮病逝在前线。李严一看，自己复出的希望没了，痛苦而亡。

刘备是宽和之主，诸葛亮是仁厚之臣，在三国这个血雨腥风的时代，像诸葛亮这样既动了脑子和心思去玩弄权术，同时又没有血流成河的，绝无仅有。

大家都拿司马懿和诸葛亮相比，司马懿得势之后远征辽东，大败公孙氏，把公孙氏政权中公卿以下官员诛杀一空。将官二千余人，十五岁以上兵民七千余人悉遭屠戮。

一番血洗，司马懿命人把尸体码在一起，用土封上，谓之"京观"，供人一览，慎诚其心，让他们不敢谋反。

诸葛亮没有血洗过哪里。

魏正始十年（249年）正月，洛阳北郊，和司马懿争权的曹爽集团一干人——曹爽、何晏、邓飏、丁谧、李胜、桓范、毕轨、张当……一字排开，身后是被他们牵连的人。行刑人员依次将他们验明正身。

下一刻，天旋地转，三百多颗头颅纷纷落地，血流成河。

诸葛亮也没有这样处置过自己的政敌。

蜀汉政权内部的集团之争，一直到李严把自己作得被贬成平民，至此归于一统。

魏国军界没了张郃，再没有人可以掣肘司马懿；蜀国军界没了李严，再没有人可以掣肘诸葛亮。

第十章

世间再无诸葛亮

第一节　屯兵五丈原

诸葛亮总结经验教训，最近的这一次北伐，归根结底，是因为缺粮失败的。

所以，诸葛亮放缓了北伐的脚步，扎扎实实地发展起农业来。屯田的地点在黄沙，此地近河，肥沃而易灌溉。

诸葛亮上次用了木牛运粮，此次，他又发明了流马。

据史载，流马的尺寸及做法如下：

流马尺寸之数，肋长三尺五寸，广三寸，厚二寸二分，左右同。前轴孔分墨去头四寸，径中二寸。前脚孔分墨二寸，去前轴孔四寸五分，广一寸。前杠孔去前脚孔分墨二寸七分，孔长二寸，广一寸。后轴孔去前杠分墨一尺五分，大小与前同。后脚孔分墨去后轴孔三寸五分，大小与前同。后杠孔去后脚孔分墨二寸七分，后载刻去后杠孔分墨四寸五分。前杠长一尺八寸，广二寸，厚一寸五分。后杠与等版方囊二枚，厚八分，长二尺七寸，高一尺六寸五分，广一尺六寸，每枚受米二斛三斗。从上杠孔去肋下七寸，前后同。上杠孔去下杠孔分墨一尺三寸，孔长一寸五分，广七分，八孔同。前后四脚，广二寸，厚一寸五分。形制如象，靬长四寸，径面四寸三分。孔径中三脚杠，长二尺一寸，广一寸五分，厚一寸四分，同杠耳。

同时，诸葛亮也在积极备战，他永远都在积极备战。他的府里有一个能人蒲元，会造很好的刀。

有一年，诸葛亮命令蒲元打造三千把好刀。蒲元领着一班铁匠在斜谷地方日夜赶造，到淬火的时候，发现当地的水质不好，就派人回成都取蜀江之水。

过了很多天，取水的人回来了。蒲元一用，觉得不对劲："你取回来的是蜀江的水吗？这水不纯，一定掺了别的江里的水，不能拿来淬火。你得重新去取水。"

取水人分辩说："没掺别的水，这都是我亲自到蜀江取来的水！"

蒲元一听，用刀划了划水，说："这里面是有蜀江的水不假，但是也掺了别的水，你说是不是？"

取水的人见抵赖不过，只好承认说："我本来是取的蜀江水，可是路过涪江的时候，不慎把容器打翻，水洒掉了一半。我怕回来交不了差，又担心延误工期，只好掺了一些涪江的水。请原谅我吧！"

这一来，大家更佩服蒲元的经验丰富。

诸葛亮在黄沙备战两年，派大军把粮草用木牛流马运往斜谷口。又派使者到东吴，和孙权约定来年一起出兵，东西夹攻，共打曹魏。

曹魏青龙二年、蜀汉建兴十二年、东吴嘉禾三年（234年）二月，诸葛亮率领十万大军，兵出斜谷。

这次蜀汉举全国兵力，倾巢而出。

吴国也派大军十万，分三路入魏。

曹魏应战。

魏明帝曹叡亲自统兵南下，抵御吴国。

他指示秦朗带两万兵力增援司马懿——这是魏国最大的机动兵力，司马懿兵力达到十二万，对抗诸葛孔明。

三方大军三十万，陈兵魏境。赤壁之战后，兵力最大的一场战役一触即发。

诸葛亮拼了。

司马懿亲率主力，扎营渭河南岸。

此前他的部下主张把部队驻扎在渭水北岸，以渭水为防线，这样一来，蜀军就不敢贸然渡河，否则等他们渡到一半，魏军一冲，就把他们冲散了，连杀带淹，必定死伤惨重。

但是司马懿不肯把整个渭南地带都让给诸葛亮，粮食和边境的百姓都在渭南呢，此乃兵家必争之地，若是这都不争，打仗还有什么用。

等诸葛亮率军赶到渭水附近，已经晚了一步。原本他想出武功，依山而东，直逼长安三辅，威胁关中心脏；但是，要道已被渡河背水列阵的魏军牢牢把控，为保险起见，于是西上，兵屯五丈原。

八百里秦川西部，有一片面积十二平方公里的高地平原，名叫五丈原。五丈原南挨秦岭、北临渭水，东西皆有深沟，易守难攻。

"五丈原"得名众说纷纭。有人说是因为这个小高原前阔后狭，最窄的地方仅有五丈，所以称五丈原；也有人说秦始皇的儿子胡亥西巡到了这里，在原头刮起过五丈高的沙尘柱，所以叫五丈原。

实际上，此地高出平地五十余丈，本来的名字叫五十丈原，结果一代代人慢慢叫下来，就简化成了五丈原。

第二节　这老小子更鬼

五丈原是个好地方，高、平、广、远，诸葛亮在此驻扎，一能够保证后援粮道的安全，二能够随时平安撤离。

而且，敌军进攻也好，防御也罢，我军高高在上，对他们形成威压之势，难道不是很酷很拽的事？如果敌人大举进攻，我军急冲而下，如黄河之水滔滔倾泻，不信他们能挡得住这奔腾一击。

所以，诸葛亮驻扎在这里是对的。而且，他还有一点多虑了。他想的是后撤的时候能够平安撤离，但是司马懿始终也没有敢进犯驻扎五丈原的主营。此次北伐，直到蜀军撤离，司马懿才来到这个营地，一边看一边感慨，说是从这阵营的选地和布置来看，诸葛亮真是天下奇才。

见诸葛亮屯兵五丈原，司马懿也抹把冷汗：幸亏诸葛亮没有东出武功。

五丈原在渭水南岸，背靠褒斜道；它的东边是武功县，武功南边正对着骆谷道，西边是宝鸡，也就是当年的陈仓城。

如果诸葛亮从骆谷道出来攻打武功，离东边的长安不足两百里，等于戳到了曹魏的心尖上。

那么，诸葛亮为什么不兵出武功？

这已经是诸葛亮的第五次北伐了，蜀国举国之力，倾巢而出，讲的是能胜不能败。既是客场作战，又离自己的粮道很远。前线消耗的速度快过了后方补给的速度，诸葛亮不得不实行屯田，原地想办法自给自足。

在这种情况下，深入敌人腹地而孤军奋战，攻取武功，兵向长安，听起来是令人热血沸腾，但是，不要忘了：蜀军擅长的是山地战、丛林战，魏军擅长的是平原战。平原战中，铁骑洪流，骑兵长刀长枪收割人命太容易了。这样一来，以己之短，攻敌之长，胜率撑死也只有五成。一旦兵败，只能通过武功南面的骆谷道才能退走。能退走多少，天知道。

这样一来，若此战不胜，则蜀国危矣。

所以，诸葛亮秉持一向求稳的理念，选择了兵出五丈原，然后占领岐山。这样一来，就把陇西和关中的联系切断，然后蜀军就像蚕宝宝吃桑叶一样，一口一口，把魏国的领土给吃进自己的肚子里，然后向东谋求发展。

就算是败了，蜀军也可以在斜谷据险而退，一步步撤出战场，最大限度保存实力。

这就是诸葛亮的打算。

他算尽了一切，就是没有算到他自己的命长命短。

五丈原的正对面有一片开阔的高地，即北原。诸葛亮第一时间派兵往北原而来，因为占了这里，蜀军就能南北夹击司马懿的大营。

结果司马懿早已经派郭淮带兵来占了北原。

蜀军渡过渭水到达北原时,郭淮的营垒修了不到一半。两军打在一起,蜀军被击退,北原是魏军的了。

没过多久,魏军斥候探报,蜀军大规模向西,司马懿一惊。一旦西围失守,北原、渭南就没有办法再对五丈原形成合围。冲动之下,司马懿下令大军驰援西围。

但是,郭淮说,为什么蜀军不是奇袭,而是明目张胆、浩浩荡荡地去打呢? 是不是他想声东击西,哄得我们主力部队调往西线,他好趁着东部空虚,去打阳遂?

司马懿又一惊,立刻命令郭淮带人前往阳遂守备,只派小股部队去增援西围。

果然,诸葛亮一支奇兵在夜色掩护下,杀向阳遂。但是,迎接他们的,是四面八方的千军万马。

蜀汉败兵逃回五丈原。

诸葛亮一口鲜血吐出来。自己已经够鬼了,司马懿这老小子更鬼。

阳遂之战后,双方僵持起来。

再充足的粮草,也经不起天长日久的消耗。所以诸葛亮派兵继续骂战,要速战速决呀!

天天骂,人人骂,黑天白日地骂,骂得曹魏军队一佛出世,二佛升天。

但是司马懿下了死命令:不许出战。

但是他管不住麾下的将士的心,他们也想速战速决! 他们也想早点回家,早点搂媳妇抱娃!

人心散了,队伍不好带了。

雨季来了。暴雨倾盆,渭河水位陡涨,蜀军一支部队被分隔在武功的河水东岸,孤立无援。

司马懿下令骑兵出击!

魏军嗷嗷叫着往上冲，到了跟前交上手，才发现这支孤军原来是蜀国的虎步军，王牌！

虎步军与白耳军、无当飞军号称蜀汉三大王牌。白耳军早在刘备时期成立，无当飞军和虎步军都成立于诸葛亮南征之后，其兵源来自蛮族青壮年。虎步军的统帅是南中蛮族豪帅孟琰哪！

诸葛亮一得到战报，立刻下令增援，逢山开路，遇水修桥，一边修桥一边用冷兵器时代的狙击步枪——诸葛连弩箭射魏军。

射得司马懿没脾气，只好下令撤退。

蜀军继续骂，魏军继续不出来……

第三节　好想吐血

然后，蜀军开始种地了。

在敌人的土地上，当起了农民。

诸葛亮真干得出来，而且还干得特别好，特别得魏国百姓的人心。

他下令自家的军队和魏国的百姓秋毫无犯，你种你的地，我耕我的田，你家的牛跑到我的地里，我也不会杀了吃肉，还好好地还给你。

这样一来，渐渐地，魏国百姓竟有不知身处何方，自己还是不是大魏国民的疑惑了。

魏军一肚子的闷气，想回家回不了，想打仗主帅又不肯，天天听人家骂，一边骂一边还得种自家的地，收自家的粮，填他们的肚子，让他们吃饱了继续骂，太欺负人了。

其实，诸葛亮怎么可能跑敌方的战场上正儿八经地屯田呢？本来就三面受敌，这边刚种下，那边来人捣乱；这边正要收，那边又来人捣乱。一捣乱就杀人，种出来的东西也没有那么多，不够这么多士兵吃。

而且，自己休养生息足足三年，积存的粮草，不就是为的支应今天的局面吗？何至于要虎口里种粮呢？

不过是想要气魏军，让他们逼司马懿出来决战而已。

面对日益高涨的请战呼声，司马懿装聋。

这天，司马懿收到一份来自蜀国大营的礼物。

一个大盒子。

诸葛亮送来的。

魏营众将好奇坏了，这是啥玩意儿？还打着精巧的缎带？

司马懿也好奇，又不好意思抱回去拆，于是当着众将的面打开。

这是个啥啊？

司马懿提起来抖了抖，上衣绣着花，下裙绣着花。漂漂亮亮的，闪着光的，丝缎的，女人的衣裳。

衣裳底下压着一封信，司马懿打开来看：

"仲达啊，你身为大将，统率精兵，不想着披坚执锐，对战以决雌雄，却甘心蜗居在营帐之内，打死不肯出战，所作所为，实在像个女人。所以，我给你送来一身女人衣裳，你要是再不出战，就穿上它，当个女人算了。否则，就给我滚出来，我们打一场！"

司马懿一生脾气阴深，宠辱不惊，长得也粗犷，史书上说他鬓毛猥集，又说他鹰扬狼顾，居然被诸葛亮说成是女人。我看你诸葛亮长得白面长身，玉树临风，才是女人！

司马懿哈哈一笑："诸葛亮把我当成女人了啊，哈哈。来来来，把使者请来和我一同就餐。"

吃饭的时候，司马懿满面春风，向使者发问：

"你们诸葛孔明先生身体可好？睡得可香？吃得棒棒？他是你们的主心骨，你们一定要照顾好他啊！"

使者一听，心有戚戚：

"别提了，我们丞相啊，就是太累，太操心。天天吃不了多少东西，睡不了几个时辰的觉，军营里上上下下的事，哪一件不得他操心？凡是有处罚二十军杖以上的事件，他都要亲自过问。"

司马懿一听：任重身繁，饮食不周，诸葛亮命不长了。

使者辞去，回到五丈原，见了孔明，具说前情：

"司马懿受了巾帼女衣，看了书札，并不嗔怒，只问丞相寝食及事之烦简，绝不提起军旅之事。某如此应对，彼言：食少事烦，岂能长久？"孔明叹曰："彼深知我也！"（《三国演义》）

想不到的是，仇敌竟是知音。

没办法，做仇敌的人，是互相之间最惦记、分析最深刻、最了解和最理解对方的人。理解你，所以同情你；了解你，所以才能让你更早更快地死。

于是，司马懿下令：死都不许出战！

魏军出离愤怒了。

这是什么样的主帅，都被人骂成女人了，还不肯出战！

你不出，我们出！请主帅下令！

司马懿眼看不好，又动了鬼心眼，和皇帝唱了一出双簧。

司马懿给皇帝写了一个奏表，派使者奔赴合肥，因为曹叡正在合肥督战。

他把奏表给皇上送去，曹叡展卷阅之，司马懿好一番慷慨激昂：

"臣能力微薄，责任重大，承蒙圣上明旨，下令让臣坚守，不和蜀军正面对战，等着蜀军自己泄气；可是如今诸葛亮竟然送我女人衣裳，把我当女人看待，这太羞辱人了！所以，臣要向皇上请示：早晚之间，我要和蜀军决一死战，以报朝廷之恩，以雪三军之耻。请圣上答应，臣不胜感激！"

曹叡有点蒙圈：我什么时候不让你和蜀军正面打仗了？

但是，他转念一想，恍然大悟。

后来，司马懿的渭北大营迎来了皇帝特使辛毗，手指旄节，昂然下诏："有再敢说要出战的，就是违抗圣旨。"

谁也不敢说话了。

司马懿暗爽，一边做出委委屈屈的小媳妇样，唉声叹气，一边派大嗓门的士兵敲着锣，沿着魏营大喊：

"圣上有令，不许出战！"

"圣上有令，不许出战！"

还有几个专门跑到魏营外围，蜀军的正对面，冲着蜀军去喊：

"圣上有令，不许出战！"

"圣上有令，不许出战！"

孔明听报，皱眉苦笑：

"司马懿本来就没想着出战，他要真想出战，一句'将在外，君命有所不受'就可以了，谁能拦得住他？"

司马懿的弟弟司马孚写信问战况如何，司马懿回信："诸葛亮志大而不见机，多谋而少决，好兵而无权，虽提卒十万，已堕吾画中，破之必矣！"

诸葛亮好想吐血。

第四节　出师未捷身先死

诸葛亮老了，五十四岁了。事实上，他比司马懿还年轻两岁，但是，他独力扛鼎一般支撑起蜀汉江山，真如司马懿所说，事重身烦。再强健的身体、再强韧的心力也禁不起这样消耗。

想当初，他未出山，即已明了天下大势，有资格指点乱麻一般的江山；刚出山，在刘备的全心信任和支持下，那是何等的神采飞扬。那时候啊，主公宽厚仁德，大将驰骋疆场，如今，主公去世，小主公庸懦，大将们已经悉数战死在沙场，手下无人可用。

更要命的是，东吴发来攻打曹魏的大军，被魏主曹叡大破，吴兵无功而退。

连助拳的人都没了。

他躺在病榻上，有那么一瞬间，有了一丝丝的灰心。

《三国演义》里，孔明智者末路，仍旧想要步罡踏斗，求上天延寿。

时值八月中秋，是夜银河耿耿，玉露零零，旌旗不动，刁斗无声。姜维在帐外引四十九人守护。孔明自于帐中设香花祭物，地上分布七盏大灯，外布四十九盏小灯，内安本命灯一盏。孔明拜祝曰："亮生于乱世，甘老林泉；承昭烈皇帝三顾之恩，托孤之重，不敢不竭犬马之劳，誓讨国贼。不意将星欲坠，阳寿将终。谨书尺素，上告穹苍：伏望天慈，俯垂鉴听，曲延臣算，使得上报君恩，下救民命，克复旧物，永延汉祀。非敢妄祈，实由情切。"

拜祝毕，就帐中俯伏待旦。次日，扶病理事，吐血不止。日则计议军机，夜则步罡踏斗。

岂是他怕死贪生？这样的活法，有多少快乐自在？躬耕陇亩的时候，他可以高卧到日上三竿，也可以结交高士，吟咏啸歌，悠游林泉，如今，他何曾有过一天的安生。筹备粮草，操练兵士，布局战略，上阵指挥，安排撤退，逞口舌之利而动万千筹谋，在时局的万千波涛中，驾驶着一艘动力不足的船，和另外两艘强劲的船对撞。

一次又一次，一次完了又一次。

他只是怕死了之后，蜀汉大业难成。

然后，祈禳六夜，再有一夜就能成功，又可延寿一纪（十二年），结果寨外呐喊，魏延匆匆跑进来："魏兵来了！"脚步带风，主灯的焰头摇晃了摇晃，竟然灭了。

孔明心灰意冷，弃剑叹息："罢了，死生有命。"

有传说，诸葛亮之所以能够给自己布延寿法阵，是因为他学了鲁班书

▲ 诸葛亮病逝五丈原

里面的法术的原因，虽然他没有成功，但是后来有一个人用同样的法术给自己延命十二年，这个人就是刘伯温。这种法术的名字叫"力气比天大"。

很俗的名字，很惊悚的效果。

到底诸葛亮力气没有大过天。

魏延吓坏了，伏地请罪。姜维愤怒，拔剑就要杀了他，被孔明拦住："是我自己命该绝，不关文长的事。"

这样黑暗激烈的时代，诸葛亮手上染的鲜血，真算是极少的了。

他加紧布置安排身后事，把他著就的二十四篇文章，共计十万四千一百一十二字，内有八务、七戒、六恐、五惧之法，都传授给了姜维。

又把连弩的制法画成图本，也传给姜维。

又嘱咐姜维："蜀中诸道，皆不必多忧；唯阴平之地，切须仔细。此地虽险峻，久必有失。"

孔明的命，到了尽头。

> 孔明强支病体，令左右扶上小车，出寨遍观各营；自觉秋风吹面，彻骨生寒，乃长叹曰："再不能临阵讨贼矣！悠悠苍天，曷此其极！"（《三国演义》）

当初，刘备访他出山，水镜先生又笑又叹："卧龙虽得其主，不得其时，惜哉！"

如今，此话应验。

回到营帐，他给刘禅上了一道遗表：

> 伏闻生死有常，难逃定数；死之将至，愿尽愚忠：臣亮赋性愚拙，遭时艰难，分符拥节，专掌钧衡，兴师北伐，未获成功；何期病入膏肓，命垂旦夕，不及终事陛下，饮恨无穷！伏愿陛下：清心寡欲，约己爱民；达孝道于先皇，布仁恩于宇下；提拔幽隐，以进贤良；屏斥奸邪，以厚风俗。臣家成都有桑八百株，薄田十五顷，子弟衣食，自有余饶。至于臣在外任，别无调度，随身衣食，悉仰于官，不别治生，以长尺寸。臣死

之日，不使内有余帛，外有赢财，以负陛下也。

诸葛亮在奏章里除了交代完身后的军国大事安排，还写道："我身边的杨仪虽然很有才干，但是气量狭窄，我去世之后，希望能让蒋琬来接替我的工作。蒋琬之后，可以继续任用费祎。"

值得一提的是，汉献帝在诸葛亮去世的前几天，也离开了人世。

一个一辈子风云变幻，一个一辈子庸庸碌碌；一个一辈子殚精竭虑，一个一辈子无所用心；一个一辈子支持一个国家从无到有，从弱到强；一个一辈子把一个国家给玩完了。

乱世里的两片同年出生又同年去世的叶子，经受着同样的风雨吹打，走出不一样的人生轨迹，然后汇入同样茫茫不知去向的时间。

公元234年八月二十八日，小说《三国演义》的记载则为八月二十三日，当夜，一颗带着红色光芒的流星，自东北方划向西南的诸葛亮大营，三次落下而又回还，最终渐渐变小而消失不见。后人传说这就是将星陨落。当夜，诸葛亮逝世，享年五十四岁。

第五节　头都晕了

蜀营秘不发丧，在诸葛亮的预先安排之下，悄悄拔营。

司马懿敏锐地感觉到异常：诸葛亮死了？一下子兴奋异常：全军出击！

因为诸葛亮之死而变得兴高采烈的魏军却一脚踏进蜀军的陷阱，蜀汉大军瞬间后军变前军，前军变为攻击阵型。

糟了，中计了，诸葛亮没死！司马懿下令急撤，魏国军队要退多快有多快。

蜀军没有乘机追击，缓缓而退。直到进入斜谷，方才全军挂白，霎时哭声震天。

原来，诸葛亮真的死了。司马懿眉头耸动。诸葛亮在他死后，还摆了自己一道。

这一段情节，在《三国演义》里，演绎得格外生动。

司马懿派他的两个儿子司马师和司马昭在后催军，司马懿自引军当先，奋力追赶。忽然山后一声炮响，喊声大震，只见蜀兵俱回旗返鼓，树影中飘出中军大旗，上书一行大字曰："汉丞相武乡侯诸葛亮。"

司马懿大惊失色。定睛看时，只见中军数十员上将，拥出一辆四轮车来。车上端坐孔明：纶巾羽扇，鹤氅皂绦。懿大惊曰："孔明尚在！吾轻入重地，堕其计矣！"急勒回马便走。背后姜维大叫："贼将休走！你中了我丞相之计也！"

魏兵魂飞魄散，弃甲丢盔，抛戈撇戟，各逃性命，自相践踏，死者无数。司马懿奔走了五十余里，背后两员魏将赶上，扯住马嚼环叫曰："都督勿惊。"懿用手摸头曰："我有头否？"二将曰："都督休怕，蜀兵去远了。"

过了两日，乡民奔告曰："蜀兵退入谷中之时，哀声震地，军中扬起白旗：孔明果然死了，只留姜维引一千兵断后。前日车上之孔明，乃木人也。"懿叹曰："吾能料其生，不能料其死也！"因此蜀中人谚曰："死诸葛能走生仲达。"

后人有诗叹曰：

长星半夜落天枢，奔走还疑亮未殂。
关外至今人冷笑，头颅犹问有和无！

《三国演义》里，诸葛亮临死，安排大将计诛魏延，因为料定魏延脑后有反骨，在他死后必反。

事实上，诸葛亮死后，魏延确实被杀，而且夷灭三族。这件事情在客观上帮了魏国的大忙。这是一员猛将，带的兵凌厉无匹。诸葛亮虽死，有魏延坐镇汉中，曹魏的军队也不敢轻举妄动。

但是，他的死却不是什么脑后有反骨的原因。

根源在于杨仪和魏延不和。

杨仪心胸狭窄而治军才能出色，魏延则是老资格的武将，能征善战，军功卓著。只是脾气火爆，偏偏杨仪不买他的账。

据《三国志·蜀书·费祎传》载，魏延和杨仪两个人不能见面，碰头必吵，死不对眼。一文一武，好似前世冤愆。论耍嘴皮子，魏延不行；论动武，杨仪不行。吵不过杨仪，魏延就想动刀，结果杨仪就哭："延或举刀拟仪，仪涕泣横集。"

孙权对这二人不和都有耳闻，甚至在招待蜀汉使节费祎时，喝了酒说："杨仪和魏延虽然都有才，但也都是小人。结果如今都被委以重任。如果有一天诸葛亮不在了，谁能调和他们？"

现在诸葛亮死了。

杨仪得到撤军时暂领全军的大权，诸葛亮则交代魏延为全军断后，由姜维随其后接应。而且让他以后只要坚守好国境即可，不要再轻易北伐。

同时，他也太了解魏延了，勇猛有余，胆略也有余，但是永远不够谨慎和稳重。他老是想单干，结果诸葛亮永远不许他单干。他老觉得丞相胆子太小，让自己不能尽情施展，如今丞相死了，居然还要让自己给杨仪那个老匹夫断后，凭啥！

于是，魏延也不断后了，率部抢先撤到大军的前面，并放火烧毁了自己撤退后的桥梁栈道，阻止杨仪大军回撤。

——不知道他怎么想的，是想断送了杨仪率领的大部军马，还是想要让杨仪带着全军继续留在魏地，巩固屯田和打下的地盘战果？

无论怎样，这个决定铁定是错误的。

于是，刘禅的皇宫里，同一天时间，就不停地传来加急奏报声，两个人的奏章开始在路上赛跑，然后在皇帝的龙书案上对骂。

杨仪说魏延叛国，魏延说杨仪叛国，两个人都希望皇帝下诏，在全国范围内追缉叛贼。

刘禅头都晕了。

第六节　一个孤独的神人

刘禅与群臣商议，认为魏延更危险，更容易反叛，如果他反叛，带来的损失更大。那么，在不清楚谁叛乱的情况下，就姑且认定是魏延反而杨仪不反，这样一来，还有可能收拢杨仪所率的整支军马。

同时，蒋琬和别的重臣也都认为杨仪不会反，如果反，应该是魏延反——这家伙的火暴脾气给自己挖了坑，平时肯定得罪不少人。否则，有眼睛的人都会看，怎么可能是魏延反呢？如果他反了，不是应该趁着给杨仪断后的时候，掉头冲入魏国阵营的怀抱吗？怎么会抢先回撤，结果身前是杨仪的军队，身后是蜀国全境，把自己当包子馅？

但是，刘禅就信了，下诏令杨仪率大军平叛，蒋琬也没有闲着，亲率成都的亲卫军北上，查清事实，支援正义的一方。

杨仪收到诏令，派王平带先头部队去镇压魏延的军队。两军对圆，王平和魏延阵前相见，大声呵斥："丞相刚刚去世，尸骨未寒，你们就搞内讧，把枪刀指向同袍。你们心里还有没有丞相？你们心里还有没有汉室？你们还是不是一腔热血保家卫国的忠勇战士？"

一边说一边热泪长流。

几句话说得魏延麾下士兵一哄而散，魏延父子几人再无兵力可用，孤身逃往汉中，被杨仪派人杀死。

头颅送到杨仪面前，杨仪居然还对着头颅又踢又骂："庸奴，看你还敢不敢跟我过不去！"

然后又派人到汉中，夷灭了魏延三族。

蜀汉权斗从来不杀戮，这个一直被诸葛亮身体力行的规则就这样被打破，自家人血流成河。

　　这是蜀汉历史上唯一一次使用株连罪。

　　对头已死，杨仪还是愤愤不平。因为诸葛亮指定的接班人是蒋琬。蒋琬之后，诸葛亮又指定了费祎费文伟。再后面就不再说话了。

　　显然无论怎样，杨仪都不在诸葛亮安排的接班人里面。

　　于是，杨仪口出怨言。史书上记载，杨仪自此每天"怨愤形于声色，叹咤之音，发于五内"。并且对前来宽慰他的费祎说："丞相去世时，如果我带大军直接投降曹魏，怎么会沦落到今天的下场呢？真是后悔！"

　　费祎密奏皇帝，刘禅下旨把杨仪革职，贬为庶民。结果杨仪死性不改，继续上书攻击大臣，朝廷派人缉拿，杨仪自杀。

　　两个迷失了本性的人。

　　诸葛亮自己，身居高位，始终没有迷失本性，言谈举止、思维神态，一直不跑偏，真神人也。

　　经历好一番波折，诸葛亮统率的这支大军终于回到国内。举国同哀。

　　诸葛亮死了。刘禅好像又死了一回父亲。

丞相祠堂何处寻？锦官城外柏森森。

映阶碧草自春色，隔叶黄鹂空好音。

三顾频烦天下计，两朝开济老臣心。

出师未捷身先死，长使英雄泪满襟。

　　人们太爱他了，就给他附会了许多东西。比如，有人根据这个将星的奇怪轨迹，认为诸葛亮说不定是外星人。或者他是带着外星人的科技来的，要不然，他怎么会发明出那么多高科技感的东西来？

　　比如孔明灯，完全是热气球的前身。在里面点着蜡烛，热空气充满，它就飘飘摇摇地上天了。据说这是当年诸葛亮被司马懿围困，特地做来求救的。

　　据说，汉献帝建安年间，出现了一种复层的"诸葛行锅"，熟饭很快。这种锅的锅底为双层，放上凉水，凉水自然沸腾；用这种锅做饭，顷刻便熟。相传距今四百多年前，四川农民曾经多次从地里挖出过这种"诸葛行锅"。

据说，1943年四川出土一件诸葛鸡鸣枕，当时的县长不相信一只瓦枕会发出鸡鸣声，结果晚上把瓦枕放在枕头下面，第一遍鸡啼时，果然听到枕内发出鸡鸣声。他打碎瓦枕想看个究竟，却见枕内贴着一道朱砂画的符。不过县长相信科学，也没有再去考证，于是这个诸葛鸡鸣枕碎就碎了。后来，又有人收藏过一件陶制的诸葛鸡鸣枕，而且做过考证，说这是诸葛亮在行军时，给司号兵配带的鸡鸣枕，不至于因天气变化而误时。

他还发明馒头。

他还会书法，如篆书、八分、草书。宋徽宗宣和内府的《宣和书谱》记载：诸葛亮"善画，亦喜作草字，虽不以书称，世得其遗迹，必珍玩之"。

他还会画画。东晋常璩《华阳国志》记载："南中，其俗征巫鬼，好诅盟，投石结草，官常以诅盟要之。诸葛亮乃为夷作图谱，先画天地日月君长城府，次画神龙，龙生夷及牛马驼羊。后画部主吏，乘马幡盖，巡行安恤。又画夷牵牛负酒赍金宝诣之之象，以赐夷，夷甚重之。"

他还工音律。《中兴书目》记载："《琴经》一卷，诸葛亮撰述制琴之始及七弦之音，十三徽取象之意。"

后世的人，却并不因为这些，将他定义为发明家、音乐家、琴师、书法家、作家，因为他的大才盖住了小能，大德盖住了大才。

一首歌终将唱完，只余袅袅尾声，留给后世人抓住一个音韵的尾巴津津乐道，口口传诵。这样的人，世人跟不上他的脚步，所以他必定活得孤独。所以易中天才会如此评他："曹操是一个可爱的奸雄。诸葛亮则是一个备受推崇，其实却不被真正理解的孤独的人。"

一个孤独的神人。

尾声　执黑先行

诸葛亮被刘禅追赠为"武乡侯"，谥号"忠武"，棺椁也按其遗嘱安葬于汉中定军山，墓穴仅能容纳棺材，一无陪葬。

他明明可以给自己经营广厦千间，蓄美妾无数，珍宝古玩堆积如山，享尽人间荣华富贵，阅遍天下风景河山。

为什么他要活着的时候这么寒俭，死去的时候这么寒酸？

为什么要拼尽一生，为别人做嫁衣裳？

他甚至放着自己的儿子不管，去管别人的儿子，给别人的儿子打工打得倾尽心力，把职业干成了事业，倒在职场。而他的儿子诸葛瞻时年八岁，估计自从出生，和父亲也没见过几面。

真是一个天字第一号的傻瓜、笨蛋。

已经傻成这样，笨成这样了，还是有人怀疑他的用心。

有一个叫李邈的人，性格疏狂率直，情商特别特别低。东汉未亡时，李邈在刘璋手下当官。

刘备夺了刘璋的益州，自领益州牧后，任命李邈为益州从事。

过年的时候，刘备和大家贺年，李邈谴责刘备："振威将军（指刘璋）以为将军是宗室肺腑，委任将军前来讨伐敌人，大功没能实现，振威将军却先于敌人灭亡；我认为将军夺取鄙州，是很不合适的。"

刘备问："如果你知道我这样做是不合适的，那么为什么不去帮助刘璋呢？"

李邈回答说："不是不去帮助，而是实力不足。"

一句话吓得执法官差点杀了他。诸葛亮为他求情，他才逃得一命。

后来，李邈又当了丞相诸葛亮的参军。

蜀汉建兴六年，诸葛亮北伐曹魏，李邈随从。马谡失了街亭，诸葛亮要杀他，李邈又劝诸葛亮：

"秦国赦免了孟明，才可以收服西戎二十余国而称伯；楚国诛杀子玉，不到两代就衰落了。"

他根本不知道马谡到底犯了什么样的错误。这下子连诸葛亮也受不了他了，把他赶回蜀地。

诸葛亮死后，后主刘禅至为哀痛，穿白衣为诸葛亮哀悼三天。这时候李邈又上疏：

"诸葛亮独自一人依靠精锐的军队，如狼虎视物，'五种权力大的人物不应该守边疆'。我对此常常为国家的安危而感到担忧。如今，诸葛亮已经去世，所以宗族得以保全，西部边疆的战事可以停止，人们也因此而庆祝。"

刘禅气死了，把他下了大狱，想想还不解气，干脆杀了他。

——这回，也没人再替他说情，饶他一命了。

随着诸葛亮的过世，蜀汉好像也进入垂垂暮年。

蒋琬接替诸葛亮执政，不再张罗北伐，主张休养生息。他没有诸葛亮的气魄，只想着能够偏安一隅就好了。

公元 235 年，蜀将马岱出兵北伐。司马懿下令牛金率骑兵迎战。马岱大军一触即溃，被斩杀千人。奇怪得很，蜀军还是那个蜀军，但是，好像没有了灵魂。

姜维虽然继承了诸葛亮的北伐之志，屡次出兵，也未扩寸土，未建寸功。

吴国倒是仍旧和蜀国维持着攻守同盟，但是，所谓的盟国，也名存实亡。

司马懿在曹魏声望如日中天，在曹魏一家独大，经过一番和曹氏宗族残酷的权力争夺，最终加九锡，位极人臣。

最终，他家的子孙抢了魏国皇帝的龙椅，当年曹氏怎么篡汉，如今司

马氏怎么篡曹，然后，吞蜀灭吴，天下一统，归于西晋。

值得一提的是诸葛亮的儿子诸葛瞻。公元262年，魏国智将邓艾率奇兵直插成都，诸葛瞻亲自率全部的成都防守军力与邓艾交战，全军覆没于绵竹。他和他的儿子——诸葛亮的孙子，才十六岁，面对邓艾劝降，邓艾还许诺只要他们肯降，就封诸葛瞻为"琅琊王"，诸葛瞻不肯，和儿子双双战死。

诸葛亮的侄子诸葛恪，在吴国太嚣张，被政敌治死，江东诸葛全族被诛。

诸葛亮的族弟诸葛诞，因为起兵反抗司马家族，失利后也满门被灭。

诸葛亮之孙，诸葛瞻次子诸葛京是和诸葛亮有直系血缘关系的仅存一脉，蜀汉灭亡后，他初任郿县令，后任江州刺史。此后，就没有明确记载了。

但是，奇怪的是，如今的浙江兰溪西部，却生活着一群姓诸葛的人，自称是诸葛亮后裔。他们住在八卦村中，所有建筑格局传说是按"八阵图"样式布列。

诸葛亮辞世的多年以后，在殷芸奉旨为梁武帝所作的《小说》一书中记载了这样一段故事：

> 桓温征蜀，犹见武侯时小吏，年百余岁。温问："诸葛丞相今谁与比？"答曰："诸葛在时，亦不觉异，自公没后，不见其比。"

他在的时候，人们觉得他挺平常的。

等他没了，人们觉得，他的位置，没有人可以替代。

尤其不可替代的，不是他的人老雄心在，而是他的明知其不可为而为之，虽千万人吾往矣的一腔忠勇、尽心竭力，让人看起来，不由得觉得他又傻又笨。

他的智慧没有多到多智近妖，他只不过是把别人用来聊天、打屁、权斗、厚黑、游戏的时间，拿来看公文、研究地形地势、琢磨敌对国家的兵力和人力……天下一盘棋，他一直，执黑先行。

诸葛亮大事年表

汉光和四年（181年），诸葛亮诞生于琅琊阳都。

汉中平六年（189年），诸葛亮生母章氏去世。

汉初平三年（192年），诸葛亮父亲诸葛珪去世。

汉兴平元年（194年），诸葛亮与弟弟诸葛均及妹妹由叔父诸葛玄收养。

汉兴平二年（195年），诸葛玄任豫章太守，诸葛亮及弟弟妹妹随叔父赴豫章。

汉建安二年（197年），诸葛玄带着诸葛亮和弟弟妹妹投奔荆州刘表，不久病故。诸葛亮定居隆中草庐。

汉建安十二年（207年），刘备三顾茅庐，诸葛亮陈说"隆中对"。

汉建安十三年（208年），诸葛亮出使东吴，联吴抗曹。

汉建安十四年（209年），诸葛亮任军师中郎将。

汉建安十六年（211年），诸葛亮与关羽、张飞、赵云镇守荆州。

汉建安十九年（214年），诸葛亮留关羽守荆州，张飞、赵云分兵与刘备会师。

汉建安二十年（215年），诸葛亮整顿巴蜀内政。

汉建安二十三年（218年），诸葛亮留守巴蜀，供应在汉中作战的刘备的军需。

蜀汉章武元年（221年），刘备称帝，国号"汉"，史称蜀汉。诸葛亮任丞相。

蜀汉建兴元年（223年），刘备兵败白帝城，托孤诸葛亮。刘备死，刘禅即位，封诸葛亮为武乡侯，领益州牧。刘禅称诸葛亮"相父"。

蜀汉建兴三年（225年），诸葛亮平定南中。

蜀汉建兴五年（227年），诸葛亮上《出师表》，屯兵汉中，即日北伐。

蜀汉建兴六年（228年），失街亭，斩马谡，诸葛亮自贬为右将军，行丞相事。

蜀汉建兴七年（229年），诸葛亮再次北伐，夺取武都、阴平，恢复丞相职位。

蜀汉建兴八年（230年），诸葛亮再次北伐。

蜀汉建兴九年（231年），诸葛亮北伐攻祁山，大败魏军，伏杀魏名将张郃。

蜀汉建兴十二年（234年），诸葛亮再次北伐，殒命五丈原。